从万里江山到灯火阑珊：
辛弃疾传

王江山
作品

CONG WANLI JIANGSHAN
DAO DENGHUO LANSHAN
XINQIJI ZHUAN

人民交通出版社股份有限公司
China Communications Press Co., Ltd.

图书在版编目（CIP）数据

从万里江山到灯火阑珊：辛弃疾传/王江山著. —北京：人民交通出版社股份有限公司，2019.4
ISBN 978-7-114-15115-6

Ⅰ. ①从… Ⅱ. ①王… Ⅲ. ①辛弃疾（1140－1207）—传记 Ⅳ. ①K825.6

中国版本图书馆CIP数据核字（2018）第247199号

书　　名：从万里江山到灯火阑珊：辛弃疾传
著 作 者：王江山
监　　制：邵　江
策　　划：童　亮
责任编辑：刘楚馨　吴　迪
责任校对：刘　芹
责任印制：张　凯
营　　销：吴　迪　张龙定　陈力维　李梦霁
出　　版：人民交通出版社股份有限公司
地　　址：（100011）北京市朝阳区安定门外馆斜街3号
网　　址：http://www.ccpress.com.cn
销售电话：（010）59636983
总 经 销：北京有容书邦文化传媒有限公司
经　　销：各地新华书店
印　　刷：中国电影出版社印刷厂
开　　本：880×1230　1/32
印　　张：7.5
字　　数：165千
版　　次：2019年4月　第1版
印　　次：2019年4月　第1次印刷
书　　号：ISBN 978-7-114-15115-6
定　　价：42.00元

（有印刷、装订质量问题的图书由本公司负责调换）

目录
contents

1 \第一章·他的高光时刻
    2 \在耿京军中
    5 \追捕义端
    9 \五万人中捉叛徒

15 \第二章·未选择的路
    16 \生逢乱世
    20 \"辛·党""离·坎"
    25 \到南方去

33 \第三章·那个苦闷的年轻人
    33 \寒冷的立春
    36 \他乡遇故知
    39 \符离兵败
    43 \美芹十论

49 \第四章·归来十二年
    49 \盛宴寂寞人

52 \ 登建康赏心亭
56 \ 召对延和殿
64 \ 滁州任上

73 \ 第五章·郁孤台下清江水

73 \ 第二次召见
78 \ 茶商起义

90 \ 第六章·千里落花风

90 \ 前前后后山
94 \ 兴亡百姓苦
99 \ "盗贼"与飞虎军
109 \ 江西赈灾

114 \ 第七章·阮郎归

114 \ 头白早归来
120 \ 南岩之会
124 \ 中年已识愁滋味
128 \ 少年鞍马尘

133 \ 第八章·男儿到死心如铁

133 \ 状元之梦
137 \ 聊发少年狂
143 \ 鹅湖之约
148 \ 男儿到死心如铁

152 \第九章·彩云易散琉璃脆

　　152 　\良缘

　　158 　\美人如玉剑如虹

　　164 　\无灾无难公卿

168 \第十章·历史不转折中的辛弃疾

　　168 　\天下若不变

　　173 　\白发多时故人少

　　182 　\满座衣冠似雪

　　186 　\最后一击

192 \参考文献

194 \附录:辛弃疾生平与历史大事记

　　232 　\后记

第一章·他的高光时刻

多年以后,面对南宋朝廷派来的使者,病危的辛弃疾会想起自己生擒张安国时那个遥远的黎明。

他还不知道,自己一生中最精彩的时刻,竟会那么早地到来。

那一天快意恩仇、大获全胜的辛弃疾,令人想起二十三年前,同样勇猛的岳飞将军。

不平衡和不平等的盟约只不过是战争篇章中的标点。所以在 1140 年,完颜宗弼(他更为人知的名字是金兀术)撕毁盟约,对犹豫不决、心存侥幸的南宋发起了进攻。南宋朝野上下为之震动,岳飞再次迎战,挥师北伐。他收复郑州、洛阳,攻破郾城、临颖,大军所至,攻无不克。当然后来的故事我们都耳熟能详。宋高宗、秦桧力主求和,岳飞接到了"措置班师"的诏令。紧接着朝廷颁下了十二道"金字牌",让岳飞不得已下令退兵。

岳将军回到临安,等待他的却是莫须有的罪名和牢狱之灾。

就在那一年,辛弃疾在山东历城(今济南)出生。而那里已经被金国占领多年了。

两年后,岳飞、长子岳云和部将张宪被杀害。在战场上他战无不胜,在政争中却折戟沉沙。岳飞被害六年后,金兀术病逝。这两个老对手生前为南宋和大金奠定了一个势均力敌的局面,使得之后的几十年间两个政权都在局部的冲突中维持着对峙的局面。他们的死亡带走了一个令人心潮澎湃的时代。人们还以为战争很快会彻底结束,但是没有。兴,百姓苦,亡,百姓苦,短的是人生,长的是历史。人民在反复的战乱中四散流离。而出生于官宦家庭,自小衣食无忧的辛弃疾,已经算是命运的宠儿了。

在耿京军中

1149 年对于金国来说是个动荡之年。对外与南宋的战争还在持续着,金国内部也不太平。在这一年,年轻的完颜亮兵变谋反,杀死了金熙宗,即位为帝。他是金太祖长子完颜宗干的庶子,但自小就聪明有野心:庶子又如何,皇帝还不是有能力的人当?

金国朝臣对金熙宗的不满由来已久。他刚上任时勤政宽和,不过很快就变得刚愎自用,甚至开始滥杀无辜。一次他设宴,逼迫一个大臣喝酒。大臣实在喝不下,只得逃跑,金熙宗就将怒气发泄到旁人身上,非打即骂。而这些人都是金国贵族,哪里受得了这种屈辱?于是几个大臣合计,决定废掉这个暴君,完颜亮就是主要参与者。他带着驸马都尉唐括辩等人谋划这件事。一次讨论正酣,他问唐括辩:如果大事已成,谁来即位?

唐括辩回答:胙王常胜怎么样?

完颜亮说:你再想想。

唐括辩说：邓王子阿楞如何？

完颜亮说：不可，他与太祖血缘太远。

唐括辩这才明白过来：难道你有称帝之意吗？

完颜亮含糊地回答：到了迫不得已的时候，我只能取而代之。

那时完颜亮才 27 岁。只觉得皇位，甚至整个天下都唾手可得，只要他想。

于是他们开始了行动，到了这年的十二月初九日夜晚，万事俱备，他们打开所有宫门，带刀冲入寝殿，杀死了金熙宗。一夜的混乱之后，众人拜完颜亮为皇帝。

然而完颜亮这个皇帝当得艰辛——靠着暴力血腥夺取了这一切，也只得以暴力血腥来维持。但杀戮无穷尽，反抗也无穷尽，夺位十二年来，完颜亮统治下的金国矛盾重重。为了分散国内的反对力量，1161 年，已到中年的完颜亮再次掀起了对南宋的战争。

完颜亮自小能诗善文，喜爱汉人的文化。那时民间如此传说：完颜亮是看到"三秋桂子，十里荷花"的句子才起了觊觎之心，决定进攻南宋的。写出这样绝妙好词的人叫柳永。辛弃疾和他词风迥异，却在一件事上殊途同归：终其一生，他们都没有实现自己真正的志向。

完颜亮大举征兵，对百姓的压迫愈加严苛。他的战线过于分散，在各个线路都吃了败仗。而在金国内部，本就混乱的权力集团开始分裂。在完颜亮南征之时，东京留守乌禄趁机发动政变，做了皇帝。完颜亮在败给南宋将领虞允文，不得已退到扬州后，和十二年前被他杀掉的金熙宗一样，被忍无可忍的属下杀死在瓜洲渡口。

被金国侵占的地方，百姓纷纷揭竿而起，成立了各种义军。这其中就有辛弃疾组织起来的队伍。

辛弃疾带领着两千人的义军，正走在去投奔耿京的路上。

耿京本是个出身山东的农民。金主完颜亮穷兵黩武，他和当地百姓不堪忍受完颜亮的残暴统治，就联络李铁枪等6人打起了抗金大旗，队伍很快扩大，覆盖的范围也变得更广。声名在外，引得其他地方的起义队伍都来会合投奔，辉煌时竟然集结了十万人之多。辛弃疾正是慕名而来。

耿京对辛弃疾早有所闻，但心中仍只当他是富贵人家的公子（辛弃疾家是济南的大户），和他们这些官逼民反的农民有本质的不同。

辛弃疾本可以继续守着自己的家财，甚至可以去金国谋个一官半职。但此刻他却和一群衣衫褴褛的起义军士兵站在一起，翻山越岭而来，风尘仆仆，却目光灼灼。

出于一种朴素的认知，耿京相信读书人，也知道读书人在行军打仗中的作用，所以很快就任命辛弃疾为大军的掌书记，还将自己的大印交给他掌管。

辛弃疾从此就在耿京军中练兵。放眼望去，兵营在群山掩映之中，隐蔽而又易守难攻。辛弃疾时而与耿京、贾瑞等人商讨战争事宜，时而亲自下场，向新兵传授自己苦练多年的好武艺。操练声，刀剑声，号角声，马的嘶鸣声，有人在此地奏起了战曲，有人在远处高声应和。已到秋天，营地沐浴在鲜艳的金色与红色中，铠甲在阳光中闪闪发光。夜晚篝火簇簇，战士们吃着热腾腾的牛肉，放声大笑。

辛弃疾不止一次地站在山顶，心中感叹，这样兵强马壮的军队，这样意气风发的战士,一定很快就可以攻破金军的铁桶阵,取得胜利,收复河山,最后一统天下吧?

多年以后,这段经历无数次入梦。辛弃疾在衰老孤苦的日子里,在襟怀未开的绝望中反复琢磨这段时光,念念不忘。他一生都在追恋这段军旅生涯。那时是他与人生目标实现最接近的时刻,尚不知自己的理想会在之后遭遇怎样的重重打击。那时他还很年轻。二十七年后,辛弃疾在《破阵子·为陈同甫赋壮词以寄之》中写道:

醉里挑灯看剑,梦回吹角连营。
八百里分麾下炙,五十弦翻塞外声。
沙场秋点兵。
马作的卢飞快,弓如霹雳弦惊。
了却君王天下事,赢得生前身后名。
可怜白发生!

追 捕 义 端

完颜亮为了南侵,大肆征兵,甚至连寺庙都没有放过。辛弃疾家乡附近的灵岩寺就这样遭了殃。当兵会死,反抗也会死,和尚和寺庙佃农们干脆下决心反抗。队伍就这样组织起来了,甚至有千人之多,但下一步该如何走,寺庙住持义端拿捏不定。继续造反,自己的兵太少,很可能被消灭；等着被金国招安，又担心遭到金国的抛弃。

正在义端犹豫之时，辛弃疾也正向灵岩寺赶来。他已在耿京手下待了几个月，一直在各地拉拢和收编散落的起义军士兵，这时想到了自己在家乡认识的义端——他武艺精湛，而且也组织了一支起义队伍，辛弃疾决定去劝说他来耿京麾下，一起对抗金人的统治。

他们虽然早有交集，但两个人其实是貌合神离的，从一开始走的就是两条路。义端只想着如何保全自己，讨到好处，无论是帮助南宋攻打金国，还是帮助金国侵占南宋。辛弃疾其实也隐约感受到了义端的不真诚，但实在是求才心切。何况，就算义端并不坚定，难道自己不能影响他、改变他吗？

可能是辛弃疾的劝说起了作用，义端真的带着队伍来到了耿京那里。有了辛弃疾的举荐，耿京也很器重义端，还专门给他分了一个营帐，让他训练士兵。

只可惜在义端眼中，抗金名将耿京也不过是个农民。他从没将耿京放在眼里，时间长了，教习懒散，得过且过。辛弃疾的劝告，耿京的惩戒，让他心中的怨气越来越深。许是臭味相投，义端经常和耿京的另一个部下张安国交游，一起发泄同样的不满。

张安国也是一个义军头领，很早就跟着耿京，深得他的信任。但这支由各地民众自发组织起来的队伍是松散的。金国大患在前，南宋又不知是否靠得住，许多人的抗金志愿在日复一日的战争中愈加消沉。

1161 年的一天晚上，义端路过辛弃疾的大营，想进去找他发发牢骚。他掀开营帐，里面竟没人。

一个念头倏忽而起。义端听说耿京的大印就在辛弃疾这里，心想：如果我偷了大印去投奔金国，对方至少也要给我个大官当当吧，何苦在这山野之间，每天惊惶不定，还要受一个农夫管制呢？

这样好的时机，这样充足的理由，义端很快就作出选择。他走到辛弃疾的卧榻旁翻找起来，竟真找着了。义端把大印揣在怀里，做出喝醉酒的样子，跌跌撞撞地从营帐出来，躲入黑暗中。当晚，他偷了一匹马，揣着大印向金国领地逃去。

辛弃疾很快发现大印不见了，问了一下守卫的士兵，马上就明白——义端肯定是投奔金国了。

耿京营帐内。

义端是辛弃疾举荐的，如今他投敌，按照军法，辛弃疾也应当被斩首。

但如果把大印追回来呢？

辛弃疾马上找耿京承认了错误，还给出了解决方案：请给我三天时间，如果我抓不到他，到时再杀我也不晚！

耿京有些迟疑，属下张安国却添油加醋地说起来：你和那个义端不会是一伙的吧？借着追击之名也想逃跑？

辛弃疾的朋友看不下去了：我用性命担保辛大哥一定能回来，否则，就杀我抵命！

耿京当然不愿相信辛弃疾也是叛徒，但心中难免有怀疑，见辛弃疾这样诚恳，决心信他一回。他没理会旁人的风凉话，取下自己的佩剑：这把剑我随身带了多年，现在赠给你，只要你能将大印追回，处死义端这个叛徒,回来后,你仍是我的掌书记!

辛弃疾没料到耿京竟如此用人不疑,感动地接过耿京的佩剑,骑着快马向济南的方向追去。

夜路茫茫,辛弃疾仔细观察,并没有发现义端的踪迹。他减缓速度,仔细思索:义端这个人非常狡猾,一定料到我们知道他去投奔了金国,如果他直接去金国的方向,我们就可以在路上将他截获,所以……辛弃疾明白了,到了一个岔路口,就往灵岩寺的方向奔去。

辛弃疾来到灵岩寺附近,远远地看到了一个模糊的影子,快马加鞭追上去,将他拦截在路中央。借着不甚明亮的月光,辛弃疾看清了:果然是义端。

义端本想在自己的庙中躲几天,避开追踪,以为自己的计策万无一失,没想到竟有人找到了这里,大吃一惊,慌乱地跟辛弃疾打斗起来,但根本不是辛弃疾的对手。他被打得从马上骨碌碌掉下去,跪地求饶。辛弃疾拿着宝剑逼近了他,义端心生一计,说道:先别杀我,我能看出你的命相!你是青犀相,有力量杀人,往后必会大富大贵,何苦与我这样的小人计较!求求你不要杀我!

辛弃疾并不理会他的胡言乱语,一剑将他斩了,找到大印,提着人头,策马离去。

晨光熹微,耿京一夜未眠,出神地盯着帐幔。马蹄声越来越近,士兵跑进来报告:辛兄弟回来了!

辛弃疾掀帐进来,将大印和义端人头呈上。众人惊叹不已,张安国也没了话说。从此之后，辛弃疾在耿京军中声名大振，耿京也对辛弃疾更加器重。

1161年隆冬，完颜亮在兵变中被杀，金兵全线溃败的消息传到耿京大营，将士们激动异常。辛弃疾知道，收复失地，统一国家的机会来了。耿京坐拥十万大军，如果能与宋朝的正规军联合行动，岂不是双剑合璧，相得益彰？

他开始劝耿京：如今金人自顾不暇，将军也该考虑未来，咱们不如趁此机会协助宋廷，合力将金国捣灭！

耿京开始也是犹豫的，主要是怕被宋廷利用。辛弃疾逐条分析利弊，列举了和宋军共同作战的好处，和不被宋廷钳制的办法。耿京终于同意向宋廷示好。第二年正月，都督提领贾瑞和辛弃疾等人前往建康，面见了当时的南宋皇帝赵构，表达了抗金的意愿。赵构正为了金兵随时可能卷土重来而日夜担忧，辛弃疾他们的到来正好解除了他的困境。他当即下令，授耿京为天平节度使，知东平府，其下属也各授官职。辛弃疾完成使命，满心欢喜，向北归来。

却遭遇了意想不到的事情。

五万人中捉叛徒

辛弃疾一路北上，越往前，离金国原来的统治区越近，景色越荒凉。眼看就要到耿京大营，他忽然有了不好的预感。果然，他赶到大营中，发现军旗倾倒，兵器折损。他们赶忙到附近的村庄查问，找到了耿京的几个旧部，得知了一个惊人的消息：耿京竟然被叛徒杀害了！

原来，完颜亮被杀后，他的堂弟完颜雍（女真名乌禄）称帝。和哥哥不同，完颜雍实行怀柔政策，革除了许多完颜亮留下的弊政。这是一个集理性与野心于一身的人，并不急于一时。他一边在国内实行新的民族政策以平息动乱，一边开始和南宋缓和关系，还对统治区内的老百姓实行安抚策略："在山者为贼盗，下山者为良民"，从前的起义者只要不再反抗金兵，就可以回到家乡，既往不咎。耿京队伍里的士兵们背井离乡，四处打仗，得知这个消息后难免有些心动。金国也派出了使者，想劝耿京归顺。

但那时耿京已经决意投奔南宋，所以严词拒绝了大金使者。然而这份拒绝没能克制身边人的异心——一直跟随他的义军统领张安国被说得动了心。他在金国占领的土地上生活了那么久，这是他熟悉的地方，到了南宋不知会受到什么钳制，自己继续跟着耿京也只是一个部下，人生还有什么指望呢？张安国早有此想法，只是之前义端的死令他对辛弃疾和几个忠于耿京的人有所忌惮，不敢表现。如今这几个人去了建康，何不趁此机会杀掉耿京，向金兵邀功呢？

不同于义端的轻率，他这次准备充分。金国使者刚走，他就暗中和金兵取得了联系，得到了满意的报酬和承诺后，他杀害了耿京，和金兵里应外合，瓦解了义军。

南宋皇帝的委任状还在手里，可该受封赏的人却不在了。辛弃疾回忆起与耿京相处的朝朝暮暮,与战友们共同战斗的情景……对抗金兵,统一国家的大好前景竟这样毁于一旦了!辛弃疾既悲且怒。战友死得太不值得,理想破灭得也太快了。现在一个更紧迫的问题摆在眼前:是回去找南宋朝廷报告此事,还是留在这里,为耿京复仇?

这可能是他一生中做得最值得也最得意的选择——得知张安国此时在济州当知州后,辛弃疾决定去那里抓住张安国,为耿京报仇。

然而那时候济州驻扎了五万大军,辛弃疾这边才十几个人。这个仇到底要如何报?

怎么看都是不可能的任务。辛弃疾一行人商量后,去找统制王世隆和魏胜手下的马全福。这两个人都是义军将领,身手不凡,也为耿京的遭遇抱不平。他们带来了自己的手下,凑来凑去,最后也只有50骑人马。能成事吗?

能。辛弃疾作为整个行动的策划人,决心无论如何要试一把,因为他们还是有些胜算:济州那里的士兵有很多是耿京的旧部,是不得已归顺过去的,如果到时候有正面冲突,还可以策反。张安国以为大患已除,警惕性不高。金兵大营内安保漏洞颇多,仔细筹谋,突袭进去,有机会活捉张安国。

这天晚上,他们探查到张安国在金兵大营里与几个将军大摆宴席,知道机会来了。几十个精锐的士兵潜入敌营,悄无声息地杀掉守卫者们,换上他们的军衣,假装在营地巡逻,为辛弃疾做策应。而辛弃疾则大摇大摆地走进营区,说自己是张安国的朋友,受邀来喝酒的。士兵们见他只身一人,也没太在意,就放他进去了。

等他掀帐进了张安国的营房时，张安国已经和金兵将领喝得东倒西歪，一时竟没反应过来。辛弃疾和策应的人一起冲进去，几下就将他们打倒在地，用绳子捆了起来。

听到营帐内的呼喊打斗声，金兵们起了疑心，纷纷围过来。这些士兵中很多都是被完颜亮强征上来的农户或者耿京旧部，并不是女真人，此刻紧握着剑对着辛弃疾，眼睛里却全是迷茫。辛弃疾抓着张安国走出营帐，对着这些士兵说：我已经生擒了你们的主帅，而我们大宋的援兵马上就到。你们现在投降还来得及！

士兵们见他们面无惧色，遂渐相信了宋朝大军马上要到。辛弃疾看到一些人有所动摇，继续说：兄弟们本来也非金国人，只是被强征才来此处，如今你们主帅被擒，何必再为他们卖命呢？

一时间，士兵们更加犹豫起来，无心与辛弃疾等人对抗。辛弃疾一行人趁此机会，骑上战马，从金兵大营全身而退。

等其他的金兵将领赶到时，辛弃疾他们已经跑远了。这些将领愤怒至极，带着手下在后面猛追。

王世隆见辛弃疾的马还载着张安国，以致跑得较慢，就劝他：不如现在杀掉张安国，取了他的首级，再轻装向大宋皇帝复命！

辛弃疾拒绝了：张安国乃我义军的叛徒，应该被当众审判，斩首示众。我们堂堂正正地杀掉他，才是对耿京的告慰！

他们逃得辛苦，跑跑停停，不停地与追来的金兵战斗。所幸一些耿京的旧部受此感召，自动脱离了金兵，追随了他们。他们到达南宋边境时，竟然已有上万名士兵跟随左右。辛弃疾和王世隆带着队伍，押解着张安国,马不停蹄,终于来到了临安。后来经过审判,张安国被斩首示众。朝野上下都被辛弃疾等人的壮举所震惊。洪迈在《稼轩记》里说辛弃疾:"壮声英概,懦士为之兴起,圣天子一见三叹息。"

以五十对五万,通过精密谋划和过人胆识抓住叛徒,并且最终全身而退。难怪辛弃疾对这段经历如此得意,因为太痛快,太神奇,太雄壮了。而这时,辛弃疾才23岁。多年后,他在《永遇乐·京口北固亭怀古》中写道:

四十三年,望中犹记,烽火扬州路。

四十三年中,他一天也没忘记。没忘记那个在山林间与金兵周旋,疲惫不堪却热血沸腾,雄心勃勃的自己。他率领过上万人的队伍,无数次突破金兵防线。这次又以如此传奇的方式抓住了叛徒,今后的抗金事业,一定会由自己引导吧?

人生的起点太高,会让人对往后的时日过分期待。23岁的辛弃疾以为自己很快会获得重用,杀敌建功。想象中的未来会给他的青春投下亮丽的光影,那是一个看似真诚的承诺,一切会越变越好。

然而南归之后不久,和辛弃疾一道过江的义军就被解散了,皇帝并没有进攻金国的打算。辛弃疾被任命为江阴签判,只是一个地方小吏,没什么实际权力。

而在以后的人生中,他一直起起落落。也曾登上过高位,与自己的抗金目标只有一步之遥;也曾被贬谪,无所事事,只能看书写词,聊以自慰。虽然无论何时辛弃疾都没忘记自己青年时的志愿，执拗着想去实现——收复河山，收复河山。然而无论他怎样努力，依旧没能获得真正的机会。晚年辛弃疾退隐之后，写了这样一首词回首往事：

《鹧鸪天·有客慨然谈功名因追念少年时事戏作》
壮岁旌旗拥万夫，锦襜突骑渡江初。
燕兵夜娖银胡䩮，汉箭朝飞金仆姑。
追往事，叹今吾，春风不染白髭须。
却将万字平戎策，换得东家种树书。

追往事，叹今吾。

23岁的辛弃疾手提着叛徒走出营房，迎来了自己一生中的高光时刻。他还以为这不过是一部巨著的起点，并非高潮，最好的篇章应该在几年之后，收拾旧山河，完成统一家国的宏愿，解救战乱中的百姓。

谁知这就是最华彩的一幕了。以后的岁月，给他希望又令他绝望，灭灭生生，反复无常。

但此刻，23岁的辛弃疾还不知道那些。只听得耳边角声四起，马蹄翻腾。晚风卷起战袍，一路林声飒飒。他朝着南方星夜兼程，幻想着有无限可能的未来。

第二章·未选择的路

黄色的树林里分出两条路，
可惜我不能同时去涉足，
我在那路口久久伫立，
我向着一条路极目望去，
直到它消失在丛林深处。
但我选了另外一条路，
它荒草萋萋，十分幽寂，
显得更诱人，更美丽；
虽然在这条小路上，
很少留下旅人的足迹。
那天清晨落叶满地，
两条路都未经脚印污染。
啊，留下一条路等改日再见！
但我知道路径绵延无尽头，
恐怕我难以再回返。
也许多少年后在某个地方，

我将轻声叹息将往事回顾：
一片树林里分出两条路——
而我选择了人迹更少的一条，
从此决定了我一生的道路。
——［美］罗伯特·弗罗斯特《未选择的路》

21岁那年，辛弃疾未选择的路，是他从未考虑去走的路。

生 逢 乱 世

恐惧会使人盲目，作出错误判断，慌不择路。恐惧甚至可以使人放弃皇位，比如惊弓之鸟一般的赵佶。1125年的冬天，北宋徽宗皇帝赵佶听到金兵马上要进攻大宋首都开封的消息，吓得连忙把皇位传给了儿子赵桓，自己则躲在深宫，依然沉迷书画。赵佶是一位举世无双的艺术天才。直到今天，他自创的瘦金体书法仍被大众所喜爱。然而这些才能却无法挽救自己的国家，人们只能恨铁不成钢地感叹"宋徽宗诸事皆能，独不能为君耳！"

但他是躲不掉恐惧的，恐惧会找上门来：一年后，也是个冬天，金兵攻破开封，把赵佶父子一起扣押在城内软禁起来。这段历史被后人称为"靖康之变"，北宋宣告覆亡。

各地的起义风起云涌，宋钦宗赵桓在城内，一边希望这些起义军可以打退敌人，可另一边又害怕百姓队伍不断扩大，在打退金兵后反过来推翻他的皇权。赵桓派人秘密送信给城外自己的弟弟赵构，命令他去将起义队伍统帅起来。

临危受命，一开始赵构也曾被激励起了一点勇气——那时他还很年轻，确实有意抗金，收复河山，调用了许多能征善战的将领，如李纲、宗泽等。但后期他变得很犹豫，得知完颜宗弼挥军南下，势如破竹，就马上放弃抵抗，逃到了临安。他无力也不想扛起抗金这面大旗，只想逃到南方好好享乐。而这一逃亡，就等于将黄河以北的大部分土地拱手让人。有人退出，就有人侵占，金国接手了这里，遭遇了不少抵抗，也烧了不少房屋，一个村一个村地屠戮过去。他们也遇到了强大的对手：岳飞的岳家军披荆斩棘，节节胜利。但赵构恐惧岳家军壮大以后会威胁皇权，毁了他这偏安一隅的好日子；另一方面，一旦接回了二帝，赵构自己的皇位该将置于何地呢？思来想去，赵构命令岳家军全线撤退。岳飞多年征战的成果一朝尽毁。

岳飞死时，赵构也许是松了一口气。

辛弃疾出生的地方，就在这片被宋高宗赵构放弃的区域，山东历城四风闸。兵荒马乱之时，他的家族深陷其中。

小时候辛弃疾的祖父辛赞经常带他登山南望，诉说故国之思。辛赞本是宋国人，奈何在宋室南渡时因家庭人多，无法南下，只能留在北方。为了养活家人，他又出仕金朝，做过金国的县令、知府，隐忍着自己的心情，为辛家守住了家业。然而只有在陪伴自己的小孙子辛弃疾时，他才会显露出遗憾与不甘。辛弃疾记得，祖父经常带着他们这些小辈"登高望远,指画山河",教育他们不要忘记自己宋国人的身份,甚至必要时起义复仇,"以纾君父所不共戴天之愤。"

岳飞曾写下一首中国人耳熟能详的词《满江红》,词中的他"怒发冲冠,凭栏处、潇潇雨歇。抬望眼,仰天长啸,壮怀激烈。"多年以后,辛弃疾也写过一首《满江红·汉水东流》:

汉水东流,都洗尽,髭胡膏血。人尽说,君家飞将,旧时英烈。破敌金城雷过耳,谈兵玉帐冰生颊。想王郎,结发赋从戎,传遗业。

腰间剑,聊弹铗。樽中酒,堪为别。况故人新拥,汉坛旌节。马革裹尸当自誓,蛾眉伐性休重说。但从今,记取楚楼风,庾台月。

时隔多年,这两位未能生于同一时代的英雄却面对着类似的困境。

辛弃疾从小就盼望能在未来击退金兵,收复河山。他练武,小小年纪就雷打不动地精研剑法,一把长剑舞得虎虎生风;他攻读兵法军书,将排兵布阵的法则反复推演,熟稔于心。每次祖父领他出去登山远游,他都在心里记下那里的地理状貌,回到家里默背出地图,以此训练自己的头脑。

八岁那年,辛弃疾拜师于大儒刘瞻。刘瞻字岩老,自号樱宁居士,亳州人。他的诗作疏旷野逸,留下过"马上西风吹梦断,隔林烟火路苍茫"的句子。当时和辛弃疾一同拜于他门下的还有同舍生党怀英。刘瞻所在的时代正逢山河破碎,可他极少在文字中记录民间疾苦,或加以抒怀。他的学生党怀英也是如此。而辛弃疾却像关心自己的家事一般操心着国事,即使遇到这样一位隐然于世的老师，对故土的热爱依然灼灼，对被侵略的境遇依然愤怒，保持着旺盛的生命力和激情。

那时候辛弃疾一直觉得，自己一定会走上战场，成为一位伟大的将领。他没能想到，真正使他闻名于世、流芳千年的却是他的文采辞章。千年已逝，后人们仍会在元宵佳节念起那句"众里寻他千百度。蓦然回首，那人却在，灯火阑珊处。"在失意时感怀"了却君王天下事，赢得生前身后名。可怜白发生！"在回顾往昔时吟出"少年不识愁滋味，爱上层楼。爱上层楼。为赋新词强说愁。"在激动时想到"不恨古人吾不见，恨古人不见吾狂耳。"也许是"国家不幸诗家幸"，如果命运不那么反复无常，如果没有经历如此多的曲折与起伏，不平与愤懑，可能也无法把辛弃疾的文才彻底激发出来。这也许是读者们的幸运，却也是他本人的遗憾。晚年，辛弃疾在《清平乐·独宿博山王氏庵》中写道：

绕床饥鼠，蝙蝠翻灯舞。屋上松风吹急雨，破纸窗间自语。
平生塞北江南，归来华发苍颜。布被秋宵梦觉，眼前万里江山。

从当年的雄姿英发，到吟诗时的老迈潦倒，在被雨撞破的破窗之下，辛弃疾回顾了自己的一生：从北国辗转到江南，出发时还是少年，归来已是白发苍颜，经历太多流转。曾为了自己的梦想努力，却一次次遭遇变故。即使如此，每当自己进入梦境，眼前所看到的，依稀还是心心念念的万里江山。

这首词作并不出名，也不是他作品中最出色的一首，甚至没有辛弃疾标志性的用典。它如此平常,简单易懂,表达了词人偶发的一种情绪。但却如日记一般自然,情之所至,将晚年辛弃疾的执着与不甘真实地展现在人们面前。让我们像见到一个充满爱国激情的长辈一般,得以亲近辛弃疾的执着,感怀他的悲伤,也为他的壮志难酬而惋惜。

"辛·党""离·坎"

辛弃疾和党怀英已经很久没有如现在这般一起登泰山了。

穿过衰败的乡村,进入密林,可以看到登山的小道,小时候辛弃疾常常和党怀英这位年长他 7 岁的大哥哥攀登泰山,访问古迹。他们在那里题诗作画,谈古论今,鉴赏诗词,也探讨国事。党怀英温和沉默,所以经常是辛弃疾一个人在滔滔不绝,只是偶尔从党怀英那里得到一个或是赞许或是欣喜的眼神。

他们一起游览泰山灵岩时,辛弃疾在一块大石上刻了几个字:"六十一上人"。这是一个字谜游戏。辛弃疾将"辛"字一拆为三:"六""十""一",故"六十一"就是辛。辛弃疾那时喜欢笑称自己是位"上人"(即古时的僧人)。所以,"六十一上人"就是"辛上人"。年纪小小的辛弃疾自诩老僧,年长的党怀英却难以这般洒脱。因为和家境殷实的辛弃疾不同,党怀英家境贫寒,谋求生计一直是他年轻时最迫切的事情。所以七年前的那次赴燕京的赶考之行,两个人虽然同路,心态却完全不同——辛弃疾那时才 15 岁,并不打算留在金国,所以那次考试对他来说,更像是去金国腹地游览的由头；而21岁的党怀英那时生活困窘，只有考取功名，在金国谋得一份差事，才能缓解自己的困境。

那次赶考，辛弃疾也期盼了很久。辛弃疾被推荐到燕京参加进士考试时，祖父辛赞总是嘱咐他注意考察燕京的人情地理，探听金国实力，搜集金兵部署的情报。在辛赞看来，总有一天，辛弃疾会带着自己未完成的志向，回到青年时无法回去的大宋。

受了这样的影响，自幼时起辛弃疾就接受了军事教育，还与许多有意抗金的人士结交。而和他拜入同一师门的党怀英，却与金国的官僚走得很近。

党怀英的祖辈是外地人，背井离乡来到山东，没有任何势力。他的父亲虽然任职泰安军录事参军，但职位俸禄很低，人微言轻。不仅如此，父亲在党怀英年幼时就去世了，让他的家庭雪上加霜，有很长一段时间党怀英读书出游的费用只能靠别人资助。

然而党怀英的坏运气并没有结束。那次赶考，他没有考过。他虽然才能与辛弃疾不相上下，后又经历了多次落第。当时很多人都在传言，党怀英为了维持家计，只能让自己的孩子帮别人放猪。党怀英在《中州集》卷三《雪中四首》中写过自己的清贫：

诗人固多贫，深居隐茅蓬。
一夕忽富贵，独卧琼瑶宫。
梦破窗明虚，开门雪迷空。
萧然视四壁，还与向也同。

> 我亦生理拙，冻卧僵雪屋。
> 日午甑无烟，饥吟搅空腹。
>
> 岁晏苦风雪，旷野寒峥嵘。
> 湿薪烧枯棘，距刺相孥撑。
> 幸有邻家酒，沓浇肌理平。
>
> 岁晏雪盈尺，农夫倍欣然。
> 不作祁寒怨，应知有丰年。
> 笑我寄一室，归耕无寸田。
> 无田吾不忧，饮啄当问天。
> 我看多田翁，租税常道悬。
> 位头负苛责，颜色惨可怜，
> 不如拾滞穗，行歌两无牵。

　　那次考试，辛弃疾也没有通过，但他本来志不在此，满足了探查金国的心愿，也就坦然回到家乡。他能感觉到，当他和党怀英面对燕京这座巨大的都城时，他们的神情完全不同：自己是好奇而蔑视的，党怀英却是欣喜和向往的。他们看到了同一座城池，看的却是不同的方向。

　　辛弃疾和党怀英作为大儒刘瞻的学生，在文采上都负有盛名。这两位少年，一个豪迈激昂，才华横溢；一个温润如玉，清俊疏朗。那时的文人圈子将他们并称为"辛党"。然而赶考之行结束后，两个年少时最好的朋友再也没有一同出游过,而是渐行渐远。

一晃,七年过去了。

他们沿着陡峭的山石沉默地向前,这次竟然是党怀英打破了沉默。

如今金兵打过来了,你打算怎么做呢?

党怀英一向温润,极少直白地表达心迹。辛弃疾为他这次的坦诚与直接吃了一惊。沉默半晌,辛弃疾反问道,那你何去何从?

此时是公元1161年,金兵大举南下,把战火向南方延伸。许多生活在金与南宋交界处的人都面临这样的选择:是留在金朝统治区,保留自己原有的地位、土地和财富,努力融入金国的社会;还是冒险一些,南下仕宋,必要时身负君命,与金国交战。

党怀英说,金国人可谓虎狼,没有受到文明教化,如果有人能留在这里积极斡旋,用仁政的思想从内部改变他们,就可以让他们的统治不再严酷,也就避免了更大的战争。金国统治者如果领略了中原文化,一定会受到感染,渐渐也就能和宋国文脉相通了。

辛弃疾失望地叹了口气说:眼下是宋金的战争,靠文化来改变敌人,谈何容易?金国侵占的本就是宋的疆土,和敌人讲道理,无异于与虎谋皮。

他们路过泰山灵岩,看到了辛弃疾年少时的石刻,恍若一个昔日友谊的见证,但谁都没有停下脚步,而是继续往山顶走去。

党怀英也明白,他们注定要走上完全不同的人生道路。既然如此,也不必互相说服。他从袖中拿出蓍草(一种易学占卜的工具,用蓍草的茎占卜)说,不如我们用筮蓍来决定我们二人的前途吧!

辛弃疾没有多加考虑就选了一个，占得离卦；党怀英占得坎卦。

离卦：利贞，亨。利于坚守正道，必然亨通。

离为火，象征南方，从字面来看，也可说有离开的意思。

坎卦：有孚维心，亨，行有尚。象征艰险重重，似水奔流，只有胸怀坚定信念，执着专一，不畏艰险，才能获得亨通。

坎为水，从字面来看，有留下的意思。

辛弃疾长叹一声：我早已立誓，终生不为金臣子，正如这卦象所示，会离开历城南下。

他拿出酒壶，倒了一杯，递给党怀英，几乎是一字一顿地说：我的朋友，希望你能安守此地。我就要走了，让我们就此别过吧。

辛弃疾对这位兄长拜了一拜，酹别而去。党怀英一个人站在原处，看着他的背影隐没在密林深处。他向南望去。山间好大的风。

泰山别后，辛弃疾经历颇多，后来终于如愿以偿地来到南宋。他一生都为了收复失地而努力，为宋廷出谋划策，却几经宦海沉浮，壮志未酬。党怀英则出仕金国，成了金国最有声望的文学大师。他到底有没有鼓励金国统治者南侵，今人已不得而知，但他真的用自己的才华，让那个时代的金国人领略了汉文化的魅力。"当时称为第一，学者宗之"（《金史·卷一百二十五·列传第六十三》），深深影响了金国文学。

他们走上了不同的道路，却在同一时代里遥遥映照。

"四十年来家国，三千里地山河。"从此他们隔着千里河山，各自忍受着飘零的命运。辛弃疾那时还不知道，那次登山，就是他们最后一次见面了。

到 南 方 去

1161年,金主完颜亮举兵南侵。地主们奔逃,农民们反抗。事态已如水火,辛弃疾的祖父辛赞却觉得,自己苦等已久的机会终于来了——起兵反抗,上阵杀敌!

然而就在那一年,辛赞去世了。他没能看到自己的孙子辛弃疾最终继承他的遗志。辛弃疾找到自己结交的抗金人士,为他们出谋划策,提供资金。他用自己的一身好武艺团结起青年壮丁们,一时之间竟然组织起了两千多人的抗金队伍。为了保存实力,他投奔了另一个抗金者耿京。

投奔耿京的路上,辛弃疾热血沸腾。他的身前,是被金兵破坏的乡村。他的身后,跟着一群杀声震天、手上只有锄头木棍的农民。这些受苦者们团结一致,跟着这位高大威猛的年轻人向前。

一切的故事都是从那一天开始。辛弃疾作出了选择。这是他深思熟虑,自己主动作出的决定。

一个他永不会后悔的决定。

在经历了几次对抗金兵的大战,经历了追捕叛徒,夺回兵权等一系列故事之后,辛弃疾终于回到了心心念念的大宋。

叛徒张安国被斩首示众,辛弃疾自己也受到了皇帝的嘉奖。洪迈在《稼轩记》中如此描绘辛弃疾当年的骁勇善斗和冲天豪气:"余谓侯本以中州隽人,抱忠仗义,章显闻于南邦。齐虏巧负国,赤手领五十骑,缚取于五万众中,如挟狡兔。束马衔枚,间关西走淮,至通昼夜不粒食。壮声英概,懦士为之兴起,圣天子一见三叹息,用是简深知。"

然而即使如此,赵构也只是给了他一个江阴签判的小官。宋代各州、府选派京官充当判官时称签书判官厅公事,简称"签判",主要掌管诸案文移事务,是一个协助地方长官处理日常工作的文职。

金鳞岂是池中物。辛弃疾南归之后一直没有得到重用,但他在等待一个机会。一年后,1162 年,赵构传位给自己过继的儿子赵昚。

在成为赵昚之前,他原本的名字叫赵伯琮,是宋太祖赵匡胤的七世孙。1132 年,宋高宗赵构由于失去生育能力,决定给自己过继一个儿子,六岁的赵伯琮幸运地被选中,养育于宫中。第二年他又改名赵瑗。如此苦熬 28 年,他终于被立为皇子,又被改名为赵玮。1162 年,他被立为太子,又改名为赵昚。

赵昚能被选入宫中,是经历了一番考验的,而他的性格为他加分不少。据说赵昚小时候曾在真如寺登上钟楼游戏,因地面的镂空处被和尚们用苇藤覆盖,不小心一脚踩空掉了下来。旁观的人都吓了一跳,手忙脚乱赶忙去扶他。年纪小小的赵昚却神色自若,毫不慌乱,比那些大人还镇定,与史书里记载的宋太祖年轻时骑烈马跑上城的斜道撞到门楣摔下来时的表现一样。事迹传来,高宗赵构很是满意。

三十年的继子生涯,赵昚一直在控制欲强烈又疑心重重的赵构身边做孝子。那些艰难的时刻他是如何度过的,今人已很难想像。但他初登皇位之时,的确是个想有一番作为的皇帝。为此他甚至顶撞过高宗,差点造成宫廷政变。

李心传在《建炎以来朝野杂记》中记录道：绍兴三十一年（1161年）九月，金人入侵。十月朔，下诏亲征。壬子，建王以明堂恩，改镇南军节度使。时两淮失守，廷臣争陈退避之计，上（孝宗）不胜其愤，请率师为前驱。

朝堂之上，一边是被金人的残暴迅猛吓破了胆如惊弓之鸟一般的武将，一边是不断提出各种办法想让朝廷避战的文臣，高宗心中恐惧又焦虑，正要同意其中一位朝臣的退避之计。忽然，那个温和谨慎的继子赵昚站了出来，一向平静温柔的脸上，此刻却写满了激愤。赵昚拱手作揖说：父皇，臣以为退避之策不妥。自与金国交战，总是对方掌握主动权。金国进攻，我方就退避三舍；金方休战，我方就趁机议和。几次三番，反复无常，实乃奇耻大辱！儿臣愿做先锋官，率领将士主动迎击金人，万死不辞！

高宗震惊极了。第一是震惊这个令他放心且看重的孩儿竟然与他的政治倾向完全相反，第二则震惊于这个一脸温良恭俭让的太子竟然有一颗刚烈之心，出乎意料。

家养的马匹忽然暴露出野马的难驯之气，会让牧马人格外震动。

震惊之后就是愤怒。高宗怒斥赵昚不识大体，欺君罔上。赵昚虽有怨气，也不敢多说，等父亲发泄完怒气，才战战兢兢地离开。

刚回到太子府不久，有个人过来拜见他——竟是自己的老师史浩。史浩因病不上朝堂已经有一段时间了，所以刚刚朝堂上父子发生争吵时，史浩并不在场。

史浩是个有抗战之志的老臣，就是在史浩的教导下，赵昚保留了一丝血性。见到老师,赵昚更觉委屈,还以为老师是来劝慰自己的。没想到,史浩第一句话就是:殿下谬矣!殿下危矣!

赵昚更觉迷惑:您也听说今日朝堂之事了吗?既然如此,为何反对我的做法。您不是一直教导我要与金人斗争吗?

史浩说:殿下可知,自古以来,就有太子不可将兵的说法。危难之时,父子安可跬步相违;事变之来,难免身不由己。殿下难道忘了当年唐肃宗灵武之事吗?唐天宝十五年(756年),安禄山反,太子李亨带兵仓皇出逃。到了灵武,李亨手下却备陈兵马召集之势、仓储库甲之数,皆劝说李亨治兵于此,以图进取。他几次推辞不过,后来就在灵武南门楼宣布称帝,他的父亲玄宗就被迫成为太上皇。由此,太子李亨一辈子也得不到一个忠臣孝子的贤名。难道您想变成这样吗?

赵昚一惊,忙说:可我带兵只为了讨伐敌寇,并没有要如此大逆不道啊!

史浩说:殿下有所不知,如今国家外有大患,最忌讳的就是内部生乱。如果您在此刻与陛下意见不合,岂不是让金人乘虚而入了吗?越到此时越要在政治上与陛下保持一致,先稳定内部局势,再图谋以后的发展,这才是智者所为。

赵昚这才意识到自己的莽撞,忙说:可现在我已经惹怒了父皇,他还要治罪于我,该怎么办呢?

史浩略一沉思,沉声道:殿下莫要过分担心,待老臣为您草拟一篇文章,您再到皇上面前痛自悔过,事情还会有转机。

就这样,一场可能爆发的政变以赵昚的退让告终。这次事件彻底压抑了他的抗金之志，只要高宗在一天，他就无法施展拳脚。然而高宗活了太久，等他撒手人寰时，赵昚的那份志向也消弭得差不多了。

不过，赵昚确实是个靠谱的皇帝。他即位后勤于理政，平反岳飞冤案，促成政治改革和军事改革，也如此评价自己——"夙夜孜孜不敢怠惶，每日灵时已无一则自事，思曰：岂有未至者乎？则求三两事反复思虑，唯恐有失。"

高宗禅位后，赵昚终于舒了一口气。虽然高宗仍能对朝堂施加影响，但赵昚还是做了一点实事：继位第二年，他就授意主战派人物张浚筹划北伐。

此时，在江阴任上的辛弃疾再也按捺不住激动的心情，不顾自己位卑人轻，越级求见当时统领建康镇江府、江州、池州、江阴军等地兵马的张浚，诉说自己的用兵策略。

辛弃疾认为，金人集结军队很难，南宋如果兵分几路出击，就可以让金兵疲于应对，来回周转。这样就可以攻取山东，建立大本营，将金兵彻底截断。

然而当时张浚无法掌控全国的军队，根本不能将这些策略完全实施。虽然他在北伐过程中取得了几次胜利，可就在最关键的一次战役中，因为许多将领失和，不愿意彼此相援，看到其他人被围时也按兵不动，因此被金军反扑，宋军大败，死伤不可计数。

这次北伐是匆忙的，但对南宋的打击却很大。经此一役，赵昚好不容易聚集起的勇气和豪情也被浇灭，主战派的将领被打击，主和派又占领了朝堂。那个曾在朝堂上冒险顶撞父亲，认为不能再逃跑求和的青年，在自己成为君王后，也选择了议和，签订了停战协议。这就是历史上著名的

"隆兴和议"。如此得来的和平当然是屈辱的,充满了不平等甚至侮辱性的条件:(1)改金宋君臣之国为叔侄之国。(2)改岁贡为岁币,南宋每年向金纳银 20 万两、绢 20 万匹。(3)宋割商州(今陕西商县)、秦州(今甘肃天水)予金……

之后,北伐就没了消息,整个南宋又回到那种偏安一隅、不思进取的气氛中。对于辛弃疾这样一个奋发进取、爱憎分明的豪杰来说,这种氛围令他感到格格不入,却又无能为力。他为时局所困,无法施展自己的抱负,只能将文学创作作为抒怀的手段。

北伐失败的痛苦,反映在辛弃疾的词作上,是一首《满江红》,充满了哀婉:

《满江红·暮春》

家住江南,又过了、清明寒食。花径里、一番风雨,一番狼藉。红粉暗随流水去,园林渐觉清阴密。算年年、落尽刺桐花,寒无力。

庭院静,空相忆。无说处,闲愁极。怕流莺乳燕,得知消息。尺素始今何处也,彩云依旧无踪迹。谩教人、羞去上层楼,平芜碧。

辛弃疾终于来到了南方,然而在南方"一番风雨,一番狼藉"的沉闷天气中,民众的痛苦就是他的痛苦,国家的不幸就是他本人的不幸。

北伐失败后不久,张浚去世了。辛弃疾意识到,那些投降派又占据了朝堂,自己的志向更加难以实现。

辛弃疾初到南方的十年,是沉闷的十年。

而他未选择的那条路,有人替他走了——1170年,党怀英终于得偿所愿,在金国得中进士甲科,调任莒州军事判官,累迁汝阴县令。

辛弃疾在南宋官场起起伏伏之时,党怀英在金国一步一进取,走得稳健。他先后成为国史院编修官,应奉翰林文字、翰林待制、兼同修国史。又成为国子祭酒,后又迁侍讲学士、翰林学士,摄中书侍郎。甚至曾作为金国使臣出使南宋。他"为政宽简不严,而人自服化";无论文章还是书法,"当时称为第一,学者宗之"。

1211年9月,党怀英病逝于家中,享年78岁,谥"文献"。

巧合的是,两人都写过《鹧鸪天》。党怀英的文字是淡然的,如赵秉文先生所说:"譬如山水之状,烟云之姿,风鼓石激,然后千变万化,不可端倪;此先生之文与先生之诗也"。

云步凌波小凤钩,年年星汉踏清秋。只缘巧极稀相见,底用人间乞巧楼。

天外事,两悠悠。不应也作可怜愁。开帘放入窥窗月,且尽新凉睡美休。

辛弃疾很喜欢《鹧鸪天》这个词牌,按照这个词牌写过不少词,最著名的是《鹧鸪天·有客慨然谈功名因追念少年时事戏作》。

壮岁旌旗拥万夫,锦襜突骑渡江初。燕兵夜娖银胡䩮,汉箭朝飞金仆姑。

追往事,叹今吾,春风不染白髭须。却将万字平戎策。换得东家种树书。

辛弃疾的文学作品有着浓烈的个人色彩,词里写尽了人生起伏,写尽了民间疾苦,写尽了家国天下。党怀英的词作却如此疏淡、美丽、平实,里面却只有个人志趣。那些频繁的战争和揪心的倾轧,从未出现在党怀英的文字中,他似乎从未被世事侵扰过一般。

那个时代被辛弃疾一笔一画地记录在自己的词作里,却从党怀英的词作中消失了。

泰山一别,两人走上了不同的道路,像是成了对方的镜像:党怀英从南方来到北方,早年艰辛,之后却在金国平步青云,度过了相对安稳的一生;辛弃疾从北方去往南方,早年出身富庶,年纪轻轻就建立威名,然而遇上了一个国家分裂、统治者软弱的局面,仕途旋起旋落,始终没能实现真正的愿景。

许多年后,元代王恽在《玉堂嘉话·卷二·辛殿撰小传》里提及辛弃疾与党怀英的故事:"初,公在北方时,与竹溪(党怀英的号)尝游泰山之灵岩,题名曰六十一上人,破"辛"字也。至元二十年,予按部来游,其石刻宛在。"

至元二十年,即 1283 年。距离那次让二人走上不同道路的抽签,已经过去了一百二十年。

第三章·那个苦闷的年轻人

寒冷的立春

很多人的青年时期是艰难的,甚至格外艰难。很不幸,辛弃疾也是如此。

准备大显身手的辛弃疾,却在江阴这个县城被困住了。江阴地处江南,也算是一个军事要地。然而没有战事发生时,这里的日子寡淡平静,鲜少有人愿意谈论国事,遑论抗金大业。其实也不只是江阴,那时整个南宋都像一个恹恹的老人,只希望享受眼下的快乐,对奋进提不起兴趣。

辛弃疾那时刚抓捕张安国归来,正是豪气冲天的时候,可到了南宋这边却受尽冷眼:没有背景,没有资历,也没有能保举他的人,根基不深,谁会与一个一无所有的毛头小伙子深交呢?单是这一点倒也没什么,可坏就坏在,辛弃疾每天都在想着收复失地的大事,又自诩才高,有时难免对人显出怠慢之色,无形中也为自己树立了不少敌人。

满怀激情的辛弃疾与死气沉沉的环境格格不入,就像个异类:谁会放着大好的日子不过,偏偏要上阵杀敌啊?

在这种环境中，他甚至连个能纾解情怀、聊天说话的人都没有。辛弃疾日夜都想摆脱这种处境。终于，一个机会出现在他面前。

1162 年，宋孝宗继位，动了一点攻伐进取的念头，开始起用一些主战派的老臣。张浚就是其中一个。

张浚是宋朝名臣，曾经力主抗金大业，为此得罪了不少人。相传，佞臣苗傅、刘正彦曾雇人刺杀过他。然而这个刺客穿越了层层戒备，却停了手，对张浚说："仆河北人，粗读书，知逆顺，岂以身为贼用？特见为备不严，恐有后来者耳。"言毕离去，不知所终。

虽然传闻不能确定真假，但既然有此故事，已经说明了张浚在人们心中威望很高。朱熹曾评价他："虽天啬其功，使公困于谗慝之口，不得卒就其志，然而表著人心，扶持人纪，使天下之人，晓然复知，中国之所以异于夷狄，人类之所以异于禽兽者，而得其秉彝之正。则其功烈之盛，亦岂可胜言哉?!"可惜张浚一生之中几次被奸臣所害，起起伏伏。等到宋孝宗重新召回他时，他已经是一个 65 岁的老人了。

刑天舞干戚，猛志固常在。辛弃疾有意亲近这位前辈，那用什么做敲门砖呢？辛弃疾选择了写文章。写什么呢？治兵方略。

要知道，那时候的辛弃疾只是个初出茅庐的小伙子，虽然带领过农民起义军，然而参加的都是规模不大的战役，而张浚已经身经百战了。天真且一腔热血的辛弃疾还是把自己写的对策呈了上去。

辛弃疾从宋朝失地而来，对宋金的形势都有深刻见解。他发现金兵的政策是寓兵于农，平时是农民，战事一起就组成军队。正是因为这样，才让南宋很难防备。但这种策略也有它自身的劣势，就是组织起军队需要一定的时间。而且金人内部矛盾重重，虽然看起来骁勇善战，其实并没有足够的兵源与南宋正面作战。

另一方面，南宋过去将自己的注意力放在关陕、中原和淮北一带，却忽视了山东，如果这次能出其不意地进兵山东，金兵必然会猝不及防，来不及组织军队，只能把关陕一带的军队调回驰援，这时就可以攻破他们的防线，进而恢复中原了。

战略虽然写在纸上，辛弃疾却不是纸上谈兵。他详细地画好地图，标注了位置。哪里需要布兵，哪里需要防守，哪里才是最合适的进攻路线，有哪些地形可以借助，他都一一标记。这不是一个建议书，简直像一个操作手册。年轻人辛弃疾，在纸上谋划了一场精彩的大战。

如果张浚能接受他的建议，或许一切都能水到渠成，或许恢复河山也指日可待了！

——然而等待他的，却是兜头一瓢冷水泼下。

张浚对辛弃疾的建议不置可否。可能是辛弃疾人微言轻，得不到重视，可能是那时张浚刚刚回朝，还没办法完全放开、施展拳脚。无论如何，辛弃疾找错了人。

希望破灭的滋味有时甚至比绝望更可怕。辛弃疾的又一次尝试失败了。万般愁苦中，他又将目光转向文学，用词来抒发感情：

《汉宫春·立春日》

春已归来，看美人头上，袅袅春幡。无端风雨，未肯收尽余寒。年时燕子，料今宵、梦到西园。浑未办、黄柑荐酒，更传青韭堆盘？

却笑东风从此,便薰梅染柳,更没些闲。闲时又来镜里,转变朱颜。清愁不断,问何人、会解连环?生怕见、花开花落,朝来塞雁先还。

春天终于来了,可还未及享受春光,又无端来了许多风雨,余寒不肯去。就像南宋的时局,欲战又不战,碌碌无为,在举棋不定中消耗折磨着爱国者们的意志。虽然南方的春天比故乡山东来得更早,辛弃疾却觉得更孤寒。

他客居异乡,生活还未安定,美酒佳肴无从谈起,也没有品尝珍馐的心思。塞雁尚能自由往来于南北,而自己难道将要在这里蹉跎岁月了吗?

"春幡""青韭""薰梅染柳"这些原本欣悦的意象,此时点燃的却是一腔愁绪。

他乡遇故知

再苦的日子也有能得到疏解的时候。辛弃疾迫切地寻找着知音。而就在这时,他几经辗转,竟然重新联系到了自己家族的旧相识范邦彦。

范邦彦出身于古邢台(今山西)一带的大家族,是北宋末期的太学生。靖康之难时,他因家有老母不便移动,就和辛弃疾的祖父辛赞一样,滞留在了金兵的占领区。范邦彦和辛赞一样有故国之思,相似的境遇让他们一见如故。辛赞年长,范邦彦就称辛赞为叔父。辛弃疾小的时候,经常能看到这个高大的中年男子来家里拜访,和他祖父时而低头叹息,时而扼腕抵掌，纵论国事。

范邦彦的母亲去世后，他了无牵挂，决心迁到南宋统治区，可这时已没有可能。为了维持大家族的生计，他只好去参加金国的科举考试，考中后金国人派他到宋金交界的蔡州新息县（今河南息县）做县令。

身在曹营心在汉，范邦彦虽然在金国做官，但一直在等待机会。终于他等到了宋金交战的那一天。当南宋的军队一打过来，他就打开了城门，迎接宋军，之后举家南迁，实现了多年的愿望。

但南迁之后的日子并不比在金国时好太多，这也是范邦彦和辛弃疾都没有想到的。因为他们有一个共同的身份："归正人"。

归正人，即归正者，投归正统之谓。隐含的意思其实就是，这些人之前是"不正"的，只是后来才改邪归正了。其中蔑视的意味不言而喻。然而这却是当时很流行的针对那些从北方沦陷区南下归宋的人的蔑称。第一个提出这个说法的人是南宋丞相史浩（南宋淳熙五年，史浩出任宋朝右丞相）。史浩一直很歧视这些南归投奔者，在他心中，虽然金国残忍，但这些在占领区的人为什么不拼死抵抗，甚至杀身成仁呢？这就说明他们根本就没有坚定的意志，只是随风摇摆罢了。他说："中原绝无豪杰，若有，何不起而亡金？"

这个观点不仅在逻辑上是荒谬的，而且充满了偏见。因为很多滞留在北方的人都有难言之隐，无法只顾自己，而给全家招来祸患。何况，就连南宋的主力军都没有打败金兵，这些所谓的"归正人"又能有什么胜算呢？

史浩观点最错误的地方还在于，许多归正者正是像辛弃疾这样的起义者，排除万难，只为了回到故国的怀抱。他们能获得"归正人"这个身份，其实已经证明了他们就是豪杰。

话虽如此，道理也并不难懂，但南宋朝廷总觉得南归者们怀有异心，不可重用。一方面，统治者认为他们毕竟在北方生活多年，难保不被金国影响，甚至就是金国派来的间谍。另一方面，许多"归正人"是坚定的主战派，也和当时的朝廷政策不符。因此凡是归正人想要做官的，只能得到一个没有实权的官职。然而这是一条辛弃疾不甚了解的潜规则。初到江南时，他心中满是愁闷，困惑为何朝廷还不对他委以重任。

在金国占领区时，范邦彦与辛赞境遇类似，志同道合；在南归之后，他又和辛赞的孙子辛弃疾有了相同的标签，两代人之间的缘分再次被串联起来。

辛弃疾去范邦彦的宅邸做客，多年未见，分外感慨。不知年轻的辛弃疾会否在路上想起自己去世的祖父，想到这几年来的境遇，想到报国无门的愤懑，以至于脚步微微有些凝滞。

这个苦闷的年轻人，却引起一位女子的注意，她就是范邦彦的女儿范青岚。

在民间的戏曲传说中，她叫范如玉。她和自己的大哥范如山都是辛弃疾的"词迷"。

范家是大家族，对子女的教育甚为严格，范如玉虽然是女儿，也得到了很好的教育。在诗词经文中成长起来的少女，一眼就相中了才华横溢的辛弃疾。她与辛弃疾同岁，在幼年就相识，只是后来因范家南迁断了联系。那时女子15岁左右就会出嫁，所以这时的范如玉已经是"大龄剩女"了。

原来她一直在等他。

范邦彦当然也有意于这门亲事。于是在那一年,在对时事的失望中,辛弃疾终于得到了一点宽慰:他成婚了。

在举世的冷漠中,范家人给了辛弃疾温暖的支持。多年以后,辛弃疾把自己的女儿嫁给了妻兄范如山的儿子范炎。一娶一嫁,两家人的血脉与精神紧紧联系在一起,共同的气韵得到了传承。

同是南国归正人,那时和辛弃疾有相似境遇的人还有很多。他们都怀着一腔抱负从金国南渡,但都遭到了种种不公正的对待。这与人的偏见有关,但根本原因还在于南宋朝廷左右摇摆的国策和当时尖锐的社会矛盾。辛弃疾只是在一个不合适的时间来到了一个不合适的地方,因此成为其他人眼中的一个不合时宜的人。这是他的悲哀,也是时代的无奈。

符 离 兵 败

王师北伐了!

辛弃疾虽然没能被选拔到前线,但心头的热火再一次燃起。1163 年,新皇登基后不久,果然开始战争筹备,雄心勃勃欲光复中原。赵昚任命张浚为枢密使(最高军事负责人),主持北伐事宜。张浚派出李显忠,邵宏渊两员大将兵分两路,在金兵毫无防备的情况下迅速发动进攻。他们取得了节节胜利,克灵璧,下虹县(今安徽泗县),平宿州,军威大振。每一天都有好消息传来,振奋人心。

然而最终还是失败了。

再多的胜利，也敌不过关键一战的惨败。由于指挥不合，调遣不力，还有将领临阵脱逃，导致宋军在符离遭遇大败。失败的情绪迅速蔓延，本就不坚定的军心开始动摇，竟然导致了全线溃败。

其实那时早有人看出这一点。军政要员史正志密切关注这一战役，当宋军攻下灵璧、虹县后，他审时度势，综合权衡两军实力及全军主力部署之后，发现了其中的大问题，赶忙上书孝宗："二邑既下，复难深入，则小利不足为胜，既得之，后势难远守，则旋师适足，顾自疲，得淮阳而可以为喜。"孝宗初尝胜利甜头，如何听得进此言，置之不理。果然，宋军不久在符离之战中大败，死伤惨重，张浚只得退守扬州，北伐光复计划也成了泡影。

然而南宋朝廷并没能从中总结教训，或者再次振奋，兵败反而成了主战派的"罪状"，一番心血付诸东流。

符离之败以后，张浚等人被贬官。主和派（如汤思退等人）再次占据上风。甫一掌权，汤思退就下令撤销边境的防卫，解散军队。一切又回到北伐之前的样子了。

受打击最大的除了辛弃疾，当然还有宋孝宗。他当初真的想一展宏图——在宫中隐忍多年，受过那么多冷眼，小心翼翼，如履薄冰，太需要一场大胜来洗刷多年的不甘，用他的养父宋高宗也不曾达到的高度来为自己的这个抱养来的皇帝正名。胜利，既为了天下统一，又为了自己痛快。

旁人只觉得孝宗懦弱，其实他也有过卧薪尝胆的志向。《鹤林玉露》中曾记载了这样一件事：孝宗平时喜欢挂着一根漆拄杖，宫中众人，无论是亲近的侍卫还是宠妃宫妾，都不允许接近它。只有一次，他去后苑游览时发现自己忘带了，只好叫两个小黄门（内侍的官名）去拿，没想到两个男人合力才把这根拄杖抬起——原来这根看起来平平无奇的拐杖，是精铁铸成，沉重非常。人们这才知道，原来孝宗一直在暗暗练习自己的臂力——他确实有志于收复失地，只是掣肘太多，自己又总是犹豫不决。但至少，他可以用这根拐杖，来提醒自己这个家国曾经受过多少屈辱。至少，他不能放过自己——放过自己，真的去做一个沉迷享乐的君王。

但他做不到。

曾经在朝堂上与父亲宋高宗争执的一切，他其实一天也没忘记。

一次高宗和孝宗同游西湖，御舟经断桥，看到桥旁有个小酒肆，中间立着一张屏风，上面写了一首名叫《风入松》的词，其词云："一春长费买花钱，日日醉花边。玉骢惯识西湖路（'西湖路'宋刻'湖边路'），骄嘶过，沽酒垆前。红杏香中箫鼓，绿杨影里秋千。东风（'东风'宋刻'暖风'）十里丽人天，花压鬓云偏。画船载取春归去，余情在（'在'宋刻'付'），湖水湖烟。明日再（'再'宋刻'重'）携残酒，来寻陌上花钿。"

高宗非常欣赏，问是何人所写。原来，这是太学生俞国宝在醉后写的。这时孝宗忽然插话：此词甚好，但末句未免儒酸。

高宗看了他一眼，孝宗接着说：如果把"明日再携残酒"改成"明日重扶残醉"，意思就迥然不同了。既保留了原来的韵脚，又有了一丝富贵之相，与我们如今的太平盛世相符。

高宗听罢，赞许地点头。他还命令给这个俞国宝释褐，授予官职。

从这次改词事件可以看出，与高宗不同，孝宗更期望国家强盛，甚至敏感到不允许词作中有贫弱之相，进取心也更强。

可北伐的失败真的让宋孝宗赵昚吓坏了。他的确有过意气风发的时刻，但他的懦弱在于，有追寻成功的勇气，却没有承受失败的意志力。

这次兵败虽然和指挥不当有关，但主要问题还在于，那时的南宋，从上到下，从内到外，根本就没有做好北伐的准备：主战派大臣都已老迈或去世，新一代朝臣都已经习惯了苟安。何况宋高宗仍然像一道阴影一般投射在朝堂之上，带着"孝"字枷锁的宋孝宗根本无法大展拳脚。

初来江南时，辛弃疾的愁闷主要与自己的境遇有关，他深感自己怀才不遇，恐怕会虚度年华。而符离兵败之后，他对国家的关切，渐渐超越了他对个人境遇的关切，或者说，这两者慢慢融合到了一起。对于辛弃疾来说，如果无法实现让家国统一的愿望，即使自己有再高的地位、再多的财富，也难以感到快慰。

还记得辛弃疾写下的那首《满江红·暮春》吗？

家住江南，又过了、清明寒食。
花径里、一番风雨，一番狼籍。
红粉暗随流水去，园林渐觉清阴密。
算年年、落尽刺桐花，寒无力。
庭院静，空相忆。
无说处，闲愁极。
怕流莺乳燕，得知消息。

尺素始今何处也，彩云依旧无踪迹。
谩教人、羞去上层楼，平芜碧。

　　春天虽然给人带来过活力与希望，然而只需一番风雨，就会摧毁星星点点的希望，让一切努力付诸东流。可那些莺莺燕燕还会传播流言蜚语，让人不得安生。

　　在这样的春天，应当如何呢？即使能登高远眺，所思念而未回的人，所渴望而未实现的理想，也终会消失在旷廓无边的绿色中，像不曾出现过那般。

　　符离兵败一年后，张浚去世了。他为什么没有采纳辛弃疾的建议，辛弃疾想不通。然而如果真的使用了那些策略，就能赢吗？

　　辛弃疾不知道，也没有谁能知道。英雄没有出现在最该出现的地方，于是局面溃败了。可英雄就算真的及时出现了，就能扭转一切吗？

　　意志再拗，拗不过形势；理想再大，大不过时局。

美 芹 十 论

　　这一年的秋天，辛弃疾终于离开了江阴，被调去当了广德军（今安徽广德县）通判。

　　南方拥有世界上最令人伤感的秋天。夏日烟波浩渺，此时却水沉烟冷。明月高悬，却被团团树影遮蔽。25 岁的辛弃疾走在赴任的途中，醉醉醒醒，不知道自己接下来该怎么做，也不知道大宋会走向何方，更不知道自己能否在其中做些什么。

万一，万一呢——我一生都要在这些小小的城市间来回辗转，永远不得施展自己的才能，那当如何？

万一皇上永远不打算再北伐，我收复河山的愿望永远不得实现，那当如何？

甚至——还有一个更可怕的可能：万一我在实现理想前就英年早逝，那当如何？

人一生都思虑繁多，而恐怕只有年轻时才会觉得这些思虑如此沉重，哪一个都可能成真。青年人身上拥有的无限可能，其实也是无限沉重的枷锁。

辛弃疾风尘仆仆，又前途未卜。到达广德时，已经是初冬了。

但他生性豪迈，那一瞬间触景生情的悲伤很快就烟消云散了。怕什么，进一寸有一寸的欢喜。一定还有机会，为什么不再争取一下呢？

这回，他不再寄希望于主战派老臣，而是瞄向了一个人——皇帝。

如果能用自己的策论打动皇帝，鼓舞起他的战斗信念，不就能直接达到目的了吗？

广德的冬天来了，辛弃疾心中却有一团火。

他几乎不眠不休地打磨着自己写下的方略。写了一篇，觉得还不够，又再写。发现不合适，再推翻重来。长期不被重视的生活反而给了辛弃疾足够的时间，让他能好好思考自己这些年来总结的军事方法和观察到的宋金局势。

冬去春来，辛弃疾的文章也终于完成。他将文章誊写完毕，久久凝视。这是十篇凝结心血的军事理论著作,更是辛弃疾的拳拳爱国之心。

给它们起什么名字呢?不知为何,经过这么长时间的努力,真的要将文章呈上去时,辛弃疾的心中忽然涌起一丝悲凉——那个犹豫的皇帝,真的会喜欢这些文章吗?也许只有自己才能真正欣赏它们,就像芹菜一样。他想到了《列子·杨朱》中记载的那个故事:有人向同乡富豪赞美芹菜好吃,结果富豪吃了却嘴肿闹肚子。同样是芹菜,有人爱得不行,有人避之不及。自己的文章可能也像芹菜一般吧。

辛弃疾提笔,在纸上恭恭敬敬写下了"美芹十论"四个大字。

此时的辛弃疾,不再像第一次给张浚上书时那样满怀热切的希望,已经料想到了最坏的结果:皇帝不喜欢。就像那个吃芹菜而坏了肚子的富豪。芹菜虽美,却未必能遇到知味的人。

然而他还是呈了上去。明知希望渺茫,但愿意一试。

《美芹十论》是辛弃疾的呕心沥血之作。和他的词作一样,《美芹十论》也是气势恢宏,磅礴有力的。他在总论中写道:

"臣闻事未至而预图,则处之常有余;事既至而后计,则应之常不足。虏人凭陵中夏,臣子思酬国耻,普天率土,此心未尝一日忘。"

"此心未尝一日忘。"短短七个字,却是辛弃疾与祖父辛赞二人一生孤注的信念。在它背后,也可想见百姓在几十年的战乱中所遭受的苦难。

辛弃疾在总论中分析了符离兵败的原因。

"臣窃谓恢复自有定谋,非符离小胜负之可惩,而朝廷公卿过虑、不言兵之可惜也。古人言不以小挫而沮吾大计,正以此耳。"

他认为不能因为一次失败就完全失去信心。接下来,他论述了金兵的脆弱之处,和宋朝的优势所在。

在当时南宋的士大夫阶层有一种弥漫很久的风气,就是所谓的"南北有定势,吴楚之脆弱不足以争衡于中原。"长期的失败竟然让这些人产生了天命有定数的心态,迷信地认为只要是南方对北方发起的战争就一定会失败。

这种把战败原因推给天命和定势的心态已经不是懦弱,简直近乎撒娇了。对于这种谬论,辛弃疾针锋相对:

"古今有常理,夷狄之腥秽不可以久安于华夏。"

他用翔实的历史资料指出了南北有定势的荒谬,又提出

"今南北之势,较之彼时亦大异矣"。

再接下来,辛弃疾详细论述了可以取胜的军事战略,还强调宋兵失利的一个重要原因,就是一直没能取得战争的主动权,总是处于被动挨打再反击的状态,这种状态不仅让军事陷于被动,长此以往也会消磨官兵与民

众的进取心和士气，而这种消磨对国家的伤害更为巨大。

在最后一篇中，辛弃疾写道：

"臣闻鸱枭不鸣，要非祥禽；豺狼不噬，要非仁兽。此虏人吴未动而臣固将以论战。何则？我无尔诈，尔无我虞。然后两国可恃以定盟，而生灵可恃以弭兵。今彼尝有诈我之情，而我亦有虞彼之备，一诈一虞，谓天下不至于战者，惑也。明知天下之必战，则出兵以攻人与坐而待人之攻也，孰为利？战人之地与退而自战其地者，孰为得？均之不免于战，莫若先出兵以战人之地，此固天下之至权、兵家之上策而微臣之所以敢妄论也。"

这种对战争的看法是非常透彻的。说明辛弃疾不仅对于当时宋金的形势有清醒的认识，也对古往今来的许多战役有深刻的见解。让这一组作品有了更普世的价值和更长久的生命力。

《美芹十论》论证严密，气势磅礴，延续了辛弃疾一贯的风格。任谁看了这样一组作品，即使不同意他的观点，也会被他的气魄所感动。

折子递上去了。辛弃疾满怀兴奋和不安等待着。皇帝会如何看待这些论文？他会被说服吗？如果被皇帝召见，要如何把握这次机会？

没想到这一等，就是三年。

在这三年里，辛弃疾已经不像当年那样，日夜难眠。再糟糕的结局都在辛弃疾的预料之中。他早有准备。

虽然有准备，但事到临头还是那么痛楚。他费尽心力写成的著作不被赏识，他的报国理想曲高和寡，很可能终其一生，也襟怀未开。

做通判的日子简直像赋闲在家。呈上《美芹十论》后，辛弃疾像完成了一个巨大的使命，用大把的时间与人交游。他总是出现在各种寿宴上，喝得醉醺醺，然后提笔就为新曲填词。很快人们都知道了辛弃疾填词的名声。然而筵席多热闹，他心中就有多孤独。他接受人们对他诗词的称赞，可他多希望这种称赞是给他的军事才能，而不是文学才能呀。

青春的时间太过宝贵，无所事事的任何一秒都像是种残忍的浪费。"个人即使等得及，时代却是仓促的。"然而辛弃疾就被浪费了这么多年。在人们的印象里，他身材高大，眉目疏朗，宽袍大袖，潇洒不羁，永远是满面红光、精力充沛的样子。然而鲜少有人看见，他黑白分明的眼睛里，也总是藏着残山剩水的悲凉。

那个苦闷的年轻人，在一千年前的夜晚辗转反侧。就和其他时代苦闷的青年人一样，就和古往今来不计其数的失意人一样。

此时月朗星稀，辛弃疾睡不着，起床点燃烛火。虽然它迟早要熄，但他仍然一次次将火点亮。

第四章 · 归来十二年

盛宴寂寞人

当年诸葛亮出使江东,曾这样对孙权描述建康(今南京):"秣陵地形,钟山龙蟠,石头虎踞,此帝王之宅。"大市,小市,星罗棋布,数以万计的商船停泊于此,高度的商业化反证了它的安全。这里形势险要,易守难攻,是一个天然的避难所,因而被打造成了一个温柔乡。

1168 年,辛弃疾广德军通判任满,来到这里做建康府通判。

这是一次升迁,也许是有人保举了辛弃疾,也许是那部《美芹十论》起了一点作用。总之,南渡的第七年,辛弃疾终于得到了一点重视。

建康是当时许多主战派心中理想的迁都之地,汇集了很多有名望的大臣。诗人词客,军政要员,将军谋士,心怀各种理想的人才在这个大都市相互往来;高楼酒肆,宴会舞馆,名山大川,人们在各种地方交游着。才华横溢、名声在外的辛弃疾,就成了许多人宴会的座上宾。他的上司史政道(即史正志)是建康府知府,也是主战派的重要人物,熟谙军事,深得皇帝倚重。史政道非常欣赏辛弃疾的才能,经常邀请他到自己组织的宴席上来。有了这样的人脉,辛弃疾熟悉的朋友也越来越多,如淮西江东军马钱粮兼提领措置营田总领叶梦锡（衡），江南东路计度转运副使赵德庄（彦端），江南东路转运判官韩无咎（元吉），建康府通判严子文（焕），建康府观察推官丘宗卿（崈）等。辛弃疾与这些人互相唱和，过从甚密。因此初来建康这几年，辛弃疾写了许多与宴会有关的辞章。

虽然是写宴会，辛弃疾的作品却和之前那些单纯描述美酒珍馐、美女歌舞的陈词滥调完全不同。即使在享乐的场景中，忧思的仍然是国事。与其说他在参与宴会，不如说是借着宴会的由头，鼓励他人的抗敌之心，也顺便展示他自己的才华，从而获得被推举的机会。

比如这首《满江红·建康史帅致道席上赋》：

鹏翼垂空，笑人世苍然无物。又还向九重深处，玉阶山立。袖里珍奇光五色，他年要补天西北。且归来谈笑护长江，波澄碧。

佳丽地，文章伯。《金缕》唱，红牙拍。看尊前飞下，日边消息。料想宝香黄阁梦，依然画舫青溪笛。待如今端的约钟山，长相识。

史政道是个很有作为的人物，几年前他曾给高宗献上过《恢复要览》五篇。来到建康后，他扩充地方水军，增造战船；重视教育，创建了供科举考试的建康贡院；还修复城墙，修建康府志。"袖里珍奇光五色，他年要补天西北。"这句话虽然雄奇夸张，但用来赞誉史政道也不太为过。辛弃疾的另一首词《千秋岁·为金陵史致道留守寿》中表达了他对史政道能继续为主战派做贡献的希冀。

塞垣秋草，又报平安好。尊俎上，英雄表。金汤生气象，珠玉霏谭笑。春近也，梅花得似人难老。

莫惜金尊倒。凤诏看看到。留不住，江东小。从容帷幄去，整顿乾坤了。千百岁，从今尽是中书考。

而另一首《水调歌头·寿赵漕介庵》虽然是祝寿词，却也是难得的佳作。

千里渥洼种，名动帝王家。金銮当日奏草，落笔万龙蛇。带得无边春下，等待江山都老，教看鬓方鸦。莫管钱流地，且拟醉黄花。

唤双成，歌弄玉，舞绿华。一觞为饮千岁，江海吸流霞。闻道清都帝所，要挽银河仙浪，西北洗胡沙。回首日边去，云里认飞车。

赵介庵（即赵德庄）是当时驻建康的江南东路计度转运副使，也是宋朝的宗室，可以想见，辛弃疾与他结交，也许暗寄了一种希望：借着他的地位和名望，将自己推举到皇帝面前。这种心情体现在了词的第一句中。"千里渥洼种"里的"渥洼"是产千里马的地方。《汉书·武帝纪》载："元鼎四年六月，得宝鼎后土祠旁，秋，马上渥洼水中，作《宝鼎天马》之歌。"辛弃疾将赵介庵比成能发掘人才的人，那么谁会是被赵介庵发现的那匹千里马呢？不言而喻，辛弃疾希望那是自己。

虽然言辞间有一些奉承的意蕴，通篇文字却通达顺畅，完全没有谄媚之感。尤其下半阕的"闻道清都帝所，要挽银河仙浪，西北洗胡沙。"一句，再次暴露了辛弃疾渴望登临战场，洗净胡沙，报效家国的心情。

然而当时宾客众多，觥筹交错之中，大醉酩酊之际，有谁会认真欣赏这首饱含心意的辞章呢？辞章虽好，却无人会此意。

登建康赏心亭

因为有了许多志同道合的朋友陪伴，在建康这段时间辛弃疾觉得不那么寂寞了，对于抗金的事业也增加了一点信心。然而到了1170年，史政道调任成都知府，要离开建康了。

辛弃疾和韩元吉等人就在赏心亭摆宴，为他饯别送行。

赏心亭是水西门内的一处名胜，居高临下，秦淮河就在它脚下日夜流淌。登临此亭，春夏可以看到远处络绎不绝的游人，秋冬可以欣赏远山如雾的美景。

一轮清酒刚过，许是想到了即将到来的离别，气氛稍稍沉默下来。望着深秋的景象，想到家国的未来，辛弃疾又一声长叹。史政道注意到这个细节，关切地询问：辛老弟，又在为何事所愁？

辛弃疾答：大人，我听说您曾上书《恢复要览》，在里面提出过"无事则都钱塘，有事则需幸建康，为东西都"的高见，那您觉得现在是无事，还是有事呢？

史政道听出了弦外之音，知道他心中不忿，没有正面回答，而是反问了一个问题：兄弟以为如何？

辛弃疾答：现在金人依然虎视眈眈，随时可能卷土重来，虽然我们暂且偏安一隅，但恐怕未来会再生祸端。而且……如果一直这样被动，可能连这半壁江山都会动摇。

史政道长叹一声：正是。虽然建康非常繁荣，但我在任其他小城的地方官时，亲眼看见过各地民生积弱的现象，还曾给陛下上书"太仓无一岁储，左币无三月积，九谷散于饥岁，百姓凶于丰年，望与大臣熟论大计。"当今圣上宅心仁厚，甚为动容，还召我进入内殿，细论策略。可见，圣上从善如流，虚心纳谏。只是国事烦忧，分身乏术，况且刚经历大败战，无力再去考虑北伐事宜。

辛弃疾无奈地感叹：建康曾是钟山龙蟠、石头虎踞的帝王之宅，如今却没有激昂之气，如果不早做好富国强兵的准备，任地势再险峻，又能阻挡多久呢？

史政道怕辛弃疾言多有失，连忙转移话题，提议众人以登建康赏心亭为题填词。不多时，辛弃疾就先得一首：

《念奴娇·登建康赏心亭呈史致道留守》
我来吊古，上危楼、赢得闲愁千斛。
虎踞龙盘何处是，只有兴亡满目。
柳外斜阳，水边归鸟，陇上吹乔木。
片帆西去，一声谁喷霜竹。
却忆安石风流，东山岁晚，泪落哀筝曲。
儿辈功名都付与，长日惟消棋局。

宝镜难寻，碧云将暮，谁劝杯中绿。
江头风怒，朝来波浪翻屋。

辛弃疾喜欢用典，"泪落哀筝曲"讲的就是谢安的故事。当年晋孝武帝司马曜执政时谢安出任宰相，可惜后来孝武帝听信谗言，渐渐疏远谢安。一次孝武帝设宴，大将桓伊和谢安都在宴上。桓伊擅长弹琴，就弹奏了一曲《怨诗》，借以表白自己的忠心。谢安联想到自己的遭遇，也禁不住泪落抒怀。孝武帝也面有愧色。辛弃疾借着谢安的故事，来表达自己被皇帝冷落，不得舒展襟怀和抱负的悲哀。而"宝镜难寻，碧云将暮，谁劝杯中绿"则典出自唐李濬《松窗杂录》里的一个故事：秦淮河有渔人网到一枚能照见人五脏六腑的宝镜，却因过度惊恐，导致宝镜落水，后遂不能再得。辛弃疾用这个典故，再次表达了自己一片丹心无人问的不平。

名为吊古，实为咏今。字字凄凉，一行人听闻都有些惘然。史政道听出了其中凄凉的意味，他确实欣赏辛弃疾的才能，但此刻自己即将远离，又能给他什么帮助呢？何况，即使辛弃疾才能再高，只要他的主张不变，立场不退让，恐怕就很难得到朝廷的重用。只是这个年轻人何其执拗，如何才能明白这一点呢？

傍晚降临，众人各自散去，各怀心事。辛弃疾却一个人留了下来，在亭上向远处眺望，那些雾气朦胧中的山峦，此刻却像一个个低着头的少女，充满了忧愁。这是建康的秋天，他忽然想起多年前自己去赴任广德军通判的路上，也是面对着这样的清秋，沉溺在迷惘中，说到底，自己一直都是一个游子罢了。他从坚硬的北方渡江而来，从来没真正融合进这个柔软的南方。

辛弃疾一个人扶着栏杆，俯瞰河水东流。此刻太阳西沉，落日将河水染得红光烂漫。河水尚且知道自己的流向，人能清楚自己将去何方吗？辛弃疾觉得他就像这河水中的水花，时而被河水推着向前，时而激荡起来，他想要扭转这一切，但总是被更大的浪花击倒。

忽然一阵大风吹来，送来几片叶子，辛弃疾回头一看，秋风中的几棵大树正在风中飘摇。他不由得想起《世说新语·言语》中的一个故事：桓温多年北征，偶然经过金城，发现自己以前亲手种的柳树已长到几围粗，便感叹道："木犹如此，人何以堪？"树都长得这么高大了，桓温自己当然也已经老了！

辛弃疾这时已经31岁。过了而立的年纪，人生之路，可能也已经快要走完一半了。但曾期许过的那些功业，一个都还没有建立。他急了。如果再在这里闲置下去，恐怕以后也无力上阵杀敌、驰骋疆场了。

在这种悲愤的心情中，辛弃疾写下了他的代表作之一，《水龙吟·登建康赏心亭》：

楚天千里清秋，水随天去秋无际。遥岑远目，献愁供恨，玉簪螺髻。落日楼头，断鸿声里，江南游子。把吴钩看了，栏杆拍遍，无人会，登临意。

休说鲈鱼堪脍，尽西风，季鹰归未？求田问舍，怕应羞见，刘郎才气。可惜流年，忧愁风雨，树犹如此！倩何人唤取，红巾翠袖，揾英雄泪？

太阳已经消失了，天色完全暗淡下来，辛弃疾重重地拍了几下栏杆，然而并没人看见，也没有红巾翠袖陪伴在前。他只是一个人在亭内来回踱步，高大的身影隐没于夜色之中。

英雄亦有英雄泪，赏心亭里正伤心。

召对延和殿

临安是座繁华的城，白天游人如织，夜晚辉光灿灿。西湖中千舫骈聚，歌伎舞鬟如水上仙子一般轻歌曼舞；街市里热闹非常，有吹弹杂剧、舞艺散耍，也有果蔬羹酒、花篮画扇。

有人赞叹这里"曲池人静，水击赤乌蟠"（曹勋《满路花·促拍满路花》），也有人讽刺这里"山外青山楼外楼，西湖歌舞几时休"（林升《题临安邸》）。虽然是南渡后的南宋临时都城，它的繁华程度却不输北宋都城汴梁。

辛弃疾大踏步走在临安的大街上，路过"烟柳画桥，风帘翠幕"，看过"三秋桂子，十里荷花"，心中满是激越之情，因为就在史政道离开不久，辛弃疾也等来一个好消息：皇帝终于召见他了！

辛弃疾锐意恢复的态度几乎满朝皆知，这种时候召见他，说明皇帝是有重新考虑抗战的倾向的。辛弃疾能不能把握这个机会，鼓舞皇帝抗战的勇气呢？

其实那天宋孝宗与辛弃疾具体谈了些什么，后世知之不多，然而我们仍能从辛弃疾一直以来的奏议与主张中推断一二。

宋孝宗召见辛弃疾的地方在延和殿。孝宗继位后，特意选了这座便殿作为一个召见臣子、商讨国家大事的地方。无论是年轻有为的将领，还是老成持重的老臣，都在这里谈内政外交、民生经济，当然说得最多的还是对金人的战与和的问题。能来到这里，说明皇帝对辛弃疾很看重。辛弃疾极为尊敬的南宋名臣虞允文也曾在此地与人针锋相对，唇枪舌剑。

虞允文当时身居右丞相之职，功勋卓著，曾在抗金战争中打败过完颜亮的队伍，不仅纵横战场，也对官场非常熟悉。可在维持这份圆融的同时，他还难得地保存了一种锐气。虽然已经年过六旬，还在为了抗金大业努力奔走。某天宰辅大臣们又在讨论恢复中原的问题，同知枢密院事刘琪进言道：光复中原，复仇雪耻，当然是今日之先务。但眼下还不能冒进。我们必须要内修政事，韬光养晦，如果没有十年之功，臣恐怕……

恐怕什么？宋孝宗怏怏不乐地追问。自从符离兵败之后，这样的陈词滥调他听过太多次了。

刘琪继续说：臣觉得，恐怕没那么容易就能撼动金国吧。

虞允文起而驳斥：刘公此言差矣，机会之来，间不容发，奈何拘泥于如此旷日弥久之计？想当年，汉代的高祖皇帝、光武皇帝，都是起于匹夫，白手起家，却在短短几年中夺取了天下，他们难道需要用上所谓十年修政之功吗？

刘琪回应道：其实不然。此二者正是因为起于匹夫，才能无所顾忌，敢于冒险，而当今圣上身受太上皇帝、祖宗二百年宗社之寄托，孰轻孰重，岂是那两位君王所能比拟的？

虞允文正要进言，皇帝却摆了摆手，命令两位老臣退下了。

虞允文闷闷不乐地回府，心想：靠着如此瞻前顾后、左右摇摆的君王，和如此懦弱退让、只顾自保的臣子，何时才能收复中原呢？

——何时才能收复中原呢？此刻，已踏入延和殿大门的辛弃疾，也在思考着这个问题。

他穿过几道门廊，踏过高高的门槛，伏地跪拜。再抬起头来，辛弃疾是第一次在如此接近的位置，看到孝宗。

只见宋孝宗端坐在大殿之上，根本看不清面容，只有金碧辉煌的楼宇衬托出皇帝的威严。

孝宗那时四十出头，但身材匀称，眉目疏朗淡然，别有一种清俊的气质。他以简朴勤政著称。今日一见，果然如此。他伏在案头批阅着奏章，衣衫有些发旧，连座席的颜色都是淡淡的。

孝宗给辛弃疾赐座，一番寒暄后，就进入正题。

宋孝宗说，朕日夜为了社稷民生忧虑，乃至夜不能寐。然而恢复大业事多繁杂，本朝又积弊甚多，不知从何谈起。

辛弃疾回答：臣虽然位职卑微，然而没有一日不希望为陛下分忧。微臣的老家在济南，祖上一直蒙受大宋的厚恩。祖父经常带臣攀登高山远眺，诉说与金人的不共戴天之仇。后来微臣也起兵，归顺在耿京麾下，可惜中间出现了变故，没能在战场继续与金人决一死战。然而臣南渡之后，仍在思考对付金人的计策。

宋孝宗见他说得恳切，也听得认真起来。

辛弃疾见状继续说：微臣认为应当未雨绸缪，这样才能游刃有余；如果等事情发生了再处理，那就会力不从心。以前是战是和都在金人的掌握，我们只能被动应对。比如当年燕山本来已经求和纳贡，奈何没几时，汴京就被包围，求和没成，却致使徽、钦二宗被俘。这些年来，金人看到有利可图，就攻打过来，一旦兵马疲倦，就过来求和，反复无常，尔虞我诈。这种情况不能再继续下去了！虽然我们经历了符离一战的失败，但微臣认为收复中原仍是有可能成功的，不能计较一时的胜负，对用兵之事谈虎色变。正如古人所说，不要因为小的挫折就放弃大的事业！

宋孝宗本来有所舒缓，一听到辛弃疾谈起北伐失败的事情，又皱起了眉头，叹了口气回复道：辛卿言之有理，可是金兵强壮勇武，金国地广财多，而本朝因战争之故，财帛匮乏，士气低迷，这可如何是好？

辛弃疾上前一步，继续回答：金人侵占我中原大地，是为不义；金国治军严酷，是为不仁，不仁不义，乃金人第一个弊端。而陛下聪明英武，勤政爱民，臣子们尽职尽责，百姓们衷心拥护，是我们的第一个优势。因此只要努力进取，振奋士气，金人的威胁不足为虑。

这种大话宋孝宗也听过多次，他不信任地抬抬眉毛：何以不足为虑？

辛弃疾回答：第一，金国虽然土地广袤，然而这些土地都是征伐强抢而来，很容易分崩离析。第二，金国虽然兵强马壮，然而这些军队中有女真士兵，也有被强征的汉人士兵，军队本身并不团结，而女真皇族内部，又经常出现嫡庶交争，动荡不安。第三，金人看似财政充裕，但这些财富多是掠夺而来，而他们内部开支很大，一旦大战，难以及时募集足够的物资。

这一番话有理有据，宋孝宗听得连连点头。

辛弃疾得到这鼓励，更加兴奋：针对这些弱点，臣有几个对策。第一，守江须守两淮。要想求得长江流域的安全，必须严守淮南。

说到这里，辛弃疾从袖中掏出了一幅地图，让内侍呈上去。孝宗看到上面密密麻麻写满了标注，不禁叹了一声。

辛弃疾继续说：如地图上所示，应当把淮南地带划分为东、西、中三部，每部各选择一处建为军事重镇，使其左提右挚，且战且守。臣曾几次往返于淮南东西两路之地，见民物萧条，防守薄弱，在金人眼中唾手可得，再不驻守，就等于拱手让人，因此应当充实防守力量。

宋孝宗面露愁容：可我朝兵力一直不足，军事重地尚且如此，又哪来的兵员去那里驻守呢？

辛弃疾从容对答：这正是臣要说的第二点，守淮必须依靠民兵。若在那里屯正规军，财力远远不够，因此最好的办法是把淮南当地民户中的十万壮丁武装起来，加以训练。也模仿金人的做法，无战事则使其各居本土，营治生业；有战事即令各军镇将官分别调集。这样，与虏骑互相出没，彼进吾退，彼退吾进，不与之战，务在夺其心而耗其气。这样便可牵制敌人。等到正规军出乘其后，不论要战要守，全可主动地加以抉择，而淮南人民也可以不致流离奔窜，专以逃避敌人为事了。

宋孝宗看着地图连连赞叹：辛卿家妙计，还有什么？

辛弃疾说：第三点，我们可以利用敌方的弱点，扩大其内部的矛盾。

针对金人互相猜忌的情况，应当本着"兵法以诈立"和"善为兵者阴谋"的原则，尽量派遣间谍，使用诈术。这样便在交战之前先已取得胜算了。

这一番论证气势磅礴又逻辑严谨，贴近实际还切实可行，宋孝宗一时很受鼓舞，可目光扫到今天上奏的折子，谈到给太上皇赵构进贡的事，他不由得想起父亲这么多年来对于北伐事宜的掣肘。

宋高宗赵构在位时一直不同意北伐，禅位给宋孝宗后，虽然不大干预内政，却一直反对北伐。为此父子之间还有了不少嫌隙。后来孝宗年纪渐长，慢慢明白了这个养父的真正心思：赵构的皇位本身就是在徽、钦二宗被金人掳走之后，临危受命得来的，没有足够的正当性，他一直很忌惮朝臣对此的议论。另一边金人对此也心知肚明。他们甚至考虑过，一旦南宋准备北伐，就让宋钦宗在汴京当傀儡皇帝。这样一来，赵构的皇位就不具有正统性，到时候稍加游说，就会有不少南宋臣民归顺钦宗的朝廷。正因为有这些顾虑，赵构一直不愿北伐，即使在徽、钦宗去世之后仍是如此。

思及此处，宋孝宗只好再次慨叹：可朕常听说，自古南北有定势，北伐极少有成功的。一旦发动战争，又将劳民伤财，百姓如今惊魂甫定，刚刚能安居乐业，朕实在不忍心加以干预。何况，北伐成功还好，如果失败，朕岂不是成了千古罪人？

辛弃疾正要劝慰，这时其他臣子也来拜见，内侍就想请辛弃疾退下。辛弃疾哪肯放过这个机会，还想继续进言。

宋孝宗看到辛弃疾一腔热血，也颇受感动，就吩咐左右给了辛弃疾一些赏赐。辛弃疾无可奈何，虽还有那么多话想说，也只能黯然离开。

刚说到兴头，就被拦下，辛弃疾很不甘心。他失魂落魄地回到宅邸，和廷对之前的兴奋样子形成了鲜明对比。

不知是不是那次廷对使得皇帝看到了辛弃疾的才华，没几天，辛弃疾就得到了一个喜讯：皇帝给了他一个司农寺主簿的职位。这一职位是负责管理仓廪、籍田和田囿事物的，虽然官阶不大，但比原来有所提升，而且也更靠近权力中心了。

真诚的人到哪里都不缺朋友。很快，辛弃疾又认识了两位豪杰之士，张南轩和吕祖谦。

张南轩是南宋名臣张浚的儿子。张浚一生力主抗金，是辛弃疾很尊重的前辈。说来也巧，多年前辛弃疾还是个初到建康的小伙子时，曾经向张浚上书。没想到多年后，他竟然与张浚的儿子结为挚友。张南轩当吏部员外侍郎时得孝宗召，对达六七次之多，可见孝宗对他的重视。吕祖谦也出身名门，比辛、张二人年长，博学稳健，后来成为南宋著名的理学大师。他还曾经组织过中国历史上有名的哲学学术讨论会——"鹅湖之会"，一时传为佳话。

多年后，辛弃疾如此回忆与此二人同游的时光："弃疾半世倾风，同朝托契，尝从游于南轩，盖于公为敬畏。"

独在异乡为异客，每逢佳节倍思亲。然而那一年的元宵节，辛弃疾却没有因为耐不住寂寞，去找张、吕两位朋友一起度过。他选择一个人穿行在临安的大街小巷，想亲眼见识这个偏安的临时都城的繁华与热闹。

夜幕降临，天街茶肆，酒楼画舫，小贩们彼此招呼，渐渐将各色花灯罗列摆开：有用玻璃球做的无骨灯，有内部装饰绘画的走马灯，还有在河中放的荷花灯。灯山上彩,金碧辉煌,锦绣交映。百姓们纷纷从家中出来,结伴去逛街,看表演。歌舞声,嘈杂声,万街千巷,鼓吹不绝。

辛弃疾走在街上,在醉眼蒙眬中,结着彩带的树仿佛开出繁花,烟花在空中绽放,茫茫夜色中,星与火交织,水与月对望。长街灯火灿烂,宛如地上的星辰。人们摩肩接踵而来,笑语盈盈,整座城市像一场高潮迭起、永不落幕的盛宴,望之一片辉光璨璨。

也许在某一刻,辛弃疾也有了动摇。是,金人曾经掠夺过属于大宋的土地,我们应该奋起抗争,讨回公道;是,这里的平静只是偏安一隅的侥幸,如果不能厉兵秣马,振奋士气,恐怕有更大的祸患要来。

然而只在某个瞬间,当他与一路游行的宝马雕车擦肩而过时,被上面的芳香扑了一身;当他听到凤箫声动,看到玉壶光转,迎面撞上带着玉梅雪柳,提着漂亮花灯的少男少女们时,忽然生出一种动摇。我的抗战,会给这份欢愉与安闲带来什么呢?

可是临安,临安呀。这里终究只是临时安全的避难所,是一场被保护得很好的梦境罢了。辛弃疾踏上高楼,看着这座沉浸在狂欢中的城市。此刻的繁荣有多美好,以后可能遭遇的危难就有多糟糕。这种繁华建立在牺牲之上,不可能长久。

可是自己追寻的理想,到底要怎样才能实现呢?辛弃疾站在楼的最高处,身前是宛若白昼的临安,身后是南宋苍茫的夜晚。

那一天,辛弃疾写下了一首美丽的词,让在此之后一千年的每一个元宵节都染上了这首词的色彩,直到今天依然熠熠闪光:

青玉案·元夕

东风夜放花千树,更吹落,星如雨,宝马雕车香满路。凤箫声动,玉壶光转,一夜鱼龙舞。

蛾儿雪柳黄金缕,笑语盈盈暗香去。众里寻他千百度,蓦然回首,那人却在,灯火阑珊处。

那灯火阑珊之处的人是谁?也许是思之不见的美人,是孜孜以求的理想,是无数失意的夜晚中偶见的光亮。

更可能是辛弃疾自己。

滁州任上

"如果采纳我的意见而不能取胜,或者不用我的意见而能取胜,我都甘愿被处以极刑!"

刚一打开《九议》的封面,虞允文就看到了这样一段话。这个老将忍不住笑出了声:辛弃疾呀辛弃疾,究竟是年轻人,率性到简直有些莽撞了。

廷对之后,辛弃疾发现自己人微言轻,目前还难以撼动宋孝宗的想法,于是想出了一个迂回的策略:上书给自己崇敬的、有意抗战的老臣虞允文,让他帮助传达抗战的策略,宋孝宗说不定会更重视一些。

辛弃疾在《九议》里提出了许多具体可行的方案,从调兵遣将,到出兵路线，从谋划布局，到装备物资，有理有据，气势恢宏。然而，也许是因为辛弃疾的表现还不够成熟，也可能是因为辛弃疾所言与当时情况不够相符，虞允文并没有采纳他的任何一条建议，辛弃疾的论文再次没有受到重视。

但虞允文确实看到了他的才华，尤其是《论阻江为险须藉两淮疏》一文，深入浅出，眼光独到，所以奏议后不久，虞允文就把辛弃疾派到了滁州担任知州。

知州可比之前通判的职位高了不少，辛弃疾终于时来运转了吗？

没这么简单。看似升职重用，实际上更像是考验。滁州紧邻淮河前线，是南北交界之处，常年兵荒马乱，经常被战火波及，民生凋敝，去那里做官，简直可以说是个苦差事。前前后后来了很多任知州，都很快就打道回府了。

虞允文并非有意刁难，只是想看看这个曾在《九议》中夸下海口的年轻人，到底是不是纸上谈兵之辈。

辛弃疾当然也早就了解滁州的危险和赴任履新的困难。为了安全考虑，他甚至把家眷留在了京口。1172年的春天，在一片懦弱的窃窃私语和等着看笑话的议论中，辛弃疾只身一人，来到了这个其他人避之不及的地方。

辛弃疾的车马刚进入滁州主城区，就感受到了这里与其他城市的显著差别：街上行人很少，甚至听不到叫卖声，街道两侧也有很多杂草。走到府衙，连下属们也都没精打采。整座城市的人都像被流放一般，显露出一种自暴自弃的气息。

辛弃疾当晚就失眠了。他深深理解这里颓败的原因：金人每次南下，都要经过这里。守城的官兵一看金人来袭，就望风而逃，就算偶尔奋力抵抗，也是一地狼藉，受苦的还是百姓。在这样的环境下，人们哪有心情种地、经商呢？不能种地，就没有口粮，不经商，就没有金钱，这样的城市，当然会萧条了！

第二天，才刚刚办好交接手续，辛弃疾就换上便服，还选了几个人，也叫他们换上普通人的衣物。下属们都有点惊奇，不知何意，但也都乖乖配合。

他们来到街上。这次，他离那些在车里匆匆一瞥的街景更近了，虽然昨天已经想了很多，可这里的冷落萧条还是超出了预期。

尚是早春时节，天气还很寒冷，百姓们大都衣物单薄，目光呆滞地靠在墙上取暖，手上还在编织着芦席。环顾四周，荡然成墟，低矮的茅舍年久失修，甚至有睡在大街上的人。街上只有零星几家店铺，也都破破烂烂。

辛弃疾心痛地感慨道：怎么会变成这样？自从休战至今，各地都得到休养生息，唯独滁州还如此荒芜，这是我们这些守土者失职啊！

他焦急地问下属官员：滁州贫瘠至此，朝廷有没有免除这里的赋税？

属下滁州通判范昂回答：回大人，我朝还没有给某地免除赋税的先例……但滁州因为旱涝不断，一直没能上缴足额的赋税，这些年已经欠了朝廷五百八十余万缗了。

辛弃疾皱起眉头。百姓养活自己尚如此困难，哪还有余钱给朝廷缴税呢？

回到宅邸的当晚，辛弃疾就决定上书，要求朝廷免除这笔巨额税金。

没多久，朝廷的批文就下来了，竟然真的按照辛弃疾所求，将这笔钱一笔勾销。辛弃疾叫来手下人：去，把朝廷的批文抄写一百份，贴到城内人烟密集处，再派人到街上演说，就说皇上已经免除我们之前的积欠，官府还会将无主田地和农用工具免费租给农民，带领他们一起种田！

范昂眼前一亮：他们之前都以为这个年轻上司会和之前几任知州一样，很快就会叫苦不迭地离开，没想到他真的做成了一些事。

告示一出，百姓们都大为惊诧，但又有些不相信。直到他们真的领到了种子和粮食，眼中才重新泛起希望。

接下来的日子，辛弃疾非常忙碌。早上去督促官府组织百姓们伐木烧砖，中午去查看耕地的使用情况，晚上还要去兵营走访。一有空闲，他还亲自去将青年壮丁们组织起来，教给他们一些基本的军事本领。他与百姓同吃同坐，真的践行了自己在《美芹十论》和《九议》中说过的举措。

也许是老天爷被他的诚意感动，这年夏天，滁州没有旱涝，粮食丰收。之前逃走的农民和商户听到滁州的改变，也纷纷回到这里，滁州又开始焕发生机。而这只不过是辛弃疾上任当年的事情。这年秋天，辛弃疾趁热打铁，又向朝廷上书，希望再给这里减免税赋。消息一出，有更多商人过来此地进行经营了。

辛弃疾外表是个壮汉，目光如炬，总是精力充沛的样子，可他的内心却非常细腻。眼看着百姓们越过越好，他在满足之余，还想为大家多做点事：滁州景色优美，经过一番修复后更加秀丽，这么好的景色，如果没人欣赏，不就白白浪费了吗？何况，人都要休息，也有审美需要，但滁州却缺少游玩赏景的好去处。

文艺青年辛弃疾,决定给滁州修一座高楼。

本就感激辛弃疾的老百姓们听说他要建筑高楼的事,也非常兴奋。大家齐心合力,很快就将楼建好。辛弃疾将其命名为"奠枕楼",取了一个新楼奠成,即可高枕无忧的好寓意。

奠枕楼竣工那天,辛弃疾和名士好友、幕僚官员以及众多百姓走上高楼。人们将他簇拥到中间。面对着楼下热闹的人群,辛弃疾感慨万千:我们滁州,地僻而贫,处于两淮之间,经年兵荒马乱。我辛某人没有什么治理地方的经验,处事又笨拙,幸而国家法令明备,循而守之,才不出大错。而我又何其幸运,今年夏麦丰收,这是老天在成全我们啊!

底下的人群一阵欢呼。

辛弃疾接着说:但我们的奠枕楼,却不是那些只为了奢侈而建造的亭台楼阁,而是一个纪念。这些年滁州百姓太辛苦了,终于在今天能有一些歇肩之乐,而我也得以有片刻的安逸。正是有大家的努力,才得来了今天的欢欣。

我以为天下之事,常败于不乐为者。因此所有事情我都会尽己所能。尽力而为而不成,我才会没有遗憾。我将这里命名为奠枕楼,不是叫我们高枕无忧,而是每当登临此楼,看到此楼,都能想起我们曾经有过的苦难日子,也更加相信我们有力量一直守护这份安宁。只有继续振奋精神,才会国泰民安!

看着满眼的勃勃生机,辛弃疾写下了一首词:《声声慢·滁州旅次登奠枕楼作》,记录下了这一刻的景象。

征埃成阵,行客相逢,都道幻出层楼。指点檐牙高处,浪拥云浮。今年太平万里,罢长淮、千骑临秋。凭栏望,有东南佳气,西北神州。千古怀嵩人去,应笑我、身在楚尾吴头。看取弓刀,陌上车马如流。从今赏心乐事,剩安排、酒令诗筹。华胥梦,愿年年、人似旧游。

愿年年,人似旧游。一字一句,都难掩兴奋之情。

那一年的中秋,是辛弃疾这几年生活中难得的爽快透彻的日子。能有什么,比亲手将一个衰颓的城市重新建设起来更有成就感的呢?

然而欢乐过后就是离别。辛弃疾的得力干将范昂要被调离此地了。辛弃疾为他摆酒送行。两人虽然共事时间不长,但是志趣相投,配合默契,俨然是一对老友了。

然而酒席中的范昂却面带一丝惆怅,辛弃疾忍不住问:贤弟为何事所愁?

范昂回答:自从大人前来,滁州发生了翻天覆地的变化,如今商旅毕集,人情愉悦,上下绥泰,民用富庶,可是……

辛弃疾鼓励他说下去:但讲无妨。

范昂继续说:可是,这样一来,滁州就成了一块肥肉,金人如果听闻了这种改变,可能又会来这里烧杀抢掠。那我们的努力不就白费了吗!

辛弃疾叹口气:贤弟所言极是。滁州荒芜的根本原因在于地理位置。这里是金人南侵的必经之地,大家只能担惊受怕地过日子。所以不仅要发展生产,还应该加强守卫。这也是我一直强调要练兵的原因啊!

范昂没想到这位年轻上司如此深谋远虑,更加深了对他的佩服。但一想到未来可能发生的战事，不觉生出希望渺茫之感：话虽如此，但如果朝廷不派兵固守，单靠我们训练的民兵，能抵挡多久呢？

辛弃疾端起酒杯，一饮而尽：贤弟可知，我今年已经33岁了，也不算年轻了。最近两年我生过几次病，虽然已经无碍，但仍然感到自己开始衰老。如今连对生活的情怀趣味也衰减了。人一老，就见不得离别，可一想到你是去朝廷赴任，还是为你高兴。

这番话说得恳切，范昂十分动容。

辛弃疾接着叹道：其实我今年又向朝廷上书，把这里的情况告知朝廷，分析了如今的局势，指出了你刚才说的隐忧，然而仍是没有半点回音。

言及此处，两人都感到忧心，却也无可奈何。

——几轮酒菜过后，范昂也终于要离开了，辛弃疾豪饮数杯，已有醉意，但还是拿过纸笔，写下了一首送行词：

《木兰花慢·滁州送范倅》

老来情味减，对别酒，怯流年。况屈指中秋，十分好月，不照人圆。无情水都不管；共西风、只管送归船。秋晚莼鲈江上，夜深儿女灯前。

征衫，便好去朝天，玉殿正思贤。想夜半承明，留教视草，却遣筹边。长安故人问我，道愁肠，殢酒只依然。目断秋霄落雁，醉来时响空弦。

"长安故人问我，道愁肠，殢酒只依然。"范昂喃喃念着这两句诗他又何尝不知道辛弃疾所愁的是什么呢！

范昂踏上行船，两人遥遥相拜。此地一别，也不知多久还能再见了。

之后的生活依然照旧。辛弃疾仍然思考着退敌之法，想着再给朝廷上书——一次不行，就再试，尝试的次数多了，也许就能实现那个愿望。

然而就在这年年底，他的岳丈范邦彦去世了。失去了这个故人，辛弃疾就像失掉了一段人生记忆。他忽然意识到，那些南归的人总会老去，离开，到时候，还会有谁记得被金国占领的恐惧与愤恨吗？收复中原，刻不容缓。否则，那些年轻人会忘，这个国家也会忘。

也许是因岳丈去世的伤心和着急，在这个冬天，辛弃疾病了。这个"气吞万里如虎"的大汉躺在病榻之上，只能苦笑：现在这副病弱的身体，还能上阵杀敌吗？

这场病来势汹汹，直到第二年的春天，辛弃疾也没有完全康复。然而新的调令却来了。他被调去做江东安抚司参议官。时隔多年，他将再次回到建康。

和来到滁州时一样，离开的那天，也是一个早春的清晨。辛弃疾坐在车里，看着崭新的城墙和街道，听到不远处鸡犬鸣叫的声音，看到路边的小摊上呼呼冒出的锅气。他知道，自己的所有辛苦没有白费。

只是——这么快就要离开滁州。这两年的心血，还来不及巩固，恐怕又要付之东流。

他既喜又忧，走下马车，想最后看一眼这座小城。

他这才发现，早市上的百姓们忽然都停下手中的活计，面向他站好。辛弃疾心中一动——百姓们来给他送行了！

一向能言善辩的他却感动得什么也说不出来，只好深深向百姓们做了一个长揖。等抬起头来，已是泪流满面。

辛弃疾看到百姓们也在齐齐向他拱手行礼，以示感谢。

他为滁州做的一切都不会消失，这里的人会记得。这里的奠枕楼会记得。

这时已经是1174年。距离那个驰骋沙场、生擒叛徒、雄姿英发、充满少年心气的23岁，已经有十多年了。这几乎是人的整个青年时期。就在这个最该建功立业的年纪，辛弃疾却一直没机会铸好地基。从少年到中年，他辗转于一座又一座城市，见过繁华，也见过萧条，当初的理想却毫无进展。他就像面壁十年，然而没有得到任何回音，眼前空空荡荡。

辛弃疾转身上了马车。马跑得很快。他掀开布帘，看着熹微的阳光，轻轻眯起眼，想着自己即将赴任的地方——告别四年的建康，现在会是什么样呢？

第五章 · 郁孤台下清江水

第二次召见

一别四年，建康秀丽依旧。

当然，那烟雨连绵，懒洋洋的气氛也没有变。辛弃疾常常在诗词中感叹的那份"闲愁"又开始充斥脑海。幸好，几年前结识的朋友叶衡也在建康，辛弃疾得以与他诗词唱和，抒发兴怀。

然而辛弃疾刚到没几天，叶衡却接到了朝廷的任命，升任宰相。

这当然是个好消息，不过也意味着离别。辛弃疾在建康告别过太多老朋友，这次也照例送了叶衡一首词：

《菩萨蛮·金陵赏心亭为叶丞相赋》
青山欲共高人语，联翩万马来无数。烟雨却低回，望来终不来。
人言头上发，总向愁中白。拍手笑沙鸥，一身都是愁。

人言头上发，总向愁中白，叶衡重复着这句话，感慨道：贤弟，老夫年长你 27 岁，也未敢说自己愁白了头发，可见你的愁还真是不少呢！

辛弃疾知道叶衡是在打趣他，但仍然难展笑颜：叶兄，我南归已经十几年，可一直在各地兜兜转转，寸功未建，一任年华虚度，怎能不觉得忧愁呢？

叶衡叹道：贤弟有所不知，虽然大家都说我此去是赴任宰相，但我知道，这次是叫我救火去了！

辛弃疾很疑惑：难道朝廷那边遇到了什么麻烦吗？

叶衡说：我知道贤弟更愿考虑收复中原的大事，但其实眼下就有许多麻烦问题，虽然看起来不那么大，影响却很深远。想必你也听说"会子"的事了吧？皇帝擢升我，主要还是希望我处理好这件麻烦事。

辛弃疾想起来了，最近也偶尔听说会子贬值之事。会子是南宋绍兴末年朝廷创立的一种纸币，可以和金银铜等金属钱币共用，本是一件便利商旅、方便民众的好事。可近年来，由于兑换价格的问题，会子大大贬值，民众越发不信任这种纸币了。在某些地方，甚至出现了一定程度的经济危机。

辛弃疾也觉得棘手：那您打算如何应对呢？

叶衡说，这只能等我赴任之后调查清楚再说了。贤弟也帮老夫想想办法，你一向慷慨有大略，我准备向皇上举荐你呢！

叶衡这一提，让辛弃疾想起了几年前的那次延和殿廷对。可惜当时自己虽有万条韬略，却无人愿意倾听。想到这里，他又难免叹气。叶衡看出了他的心事，拍了拍他的肩膀。他是真心欣赏这位有才干有雄心的青年，也在暗下决心，一定要把他推荐上去。二人就此道别。

说者有心，听者也有心。回去的路上，辛弃疾竟真的开始思索起会子的问题——他虽然对兵法烂熟于心,但还很少涉猎经济之事。不过经过在滁州两年的历练,他有把握能搞清楚。

叶衡没有食言,刚升任宰相后不久,他就在皇帝面前推荐了辛弃疾。宋孝宗也想起了这位曾在自己面前阐述收复大事的青年,也很欣赏辛弃疾之前在滁州的一系列举措,见叶衡说得如此认真,就决定再次召见辛弃疾。

这一次,辛弃疾是带着会子改革方案来的。

仍是熟悉的情景,仍是熟悉的布局,四年来,宋孝宗苍老了许多。这次辛弃疾不是来陈奏出兵之事的,因为心中没有那么大的激情,反而没那么紧张。

君臣照例寒暄几句,宋孝宗恐怕他再讨论出兵似的,急忙将召对的首要目的摆了出来:会子发行以来,大大方便了百姓,可如今百姓却开始不接纳,会子的价格越来越低,这如何是好?

辛弃疾回答:会子价格越低,百姓越不接纳。百姓越不接纳,会子的价格也就更低。皇上认为此二者孰先孰后?

宋孝宗没料到他的提问得到了一个反问,无奈地回答:会子过去信誉良好,百姓也愿意使用,是近期才开始变的。

辛弃疾接着追问:微臣再斗胆提问,皇上认为会子的信誉为何下降?

宋孝宗皱皱眉头:这就要听辛卿家讲一讲了。

辛弃疾卖了这几个关子,觉得终于能让皇帝专心一些,站在一旁等候的叶衡却微微替他捏了一把汗:这小子,确实有些自恃才高了,在皇帝面前也不愿意谨小慎微。

辛弃疾回答：会子刚发行时，为了确保它的信誉，官府曾规定，赋税上供、请买收支中，会子与现钱要各占一半，这样就可以保证两者之间价值相等。可如今地方官府却开始不收会子。官府尚且如此，老百姓还怎么相信会子呢？信誉不保证，会子的兑换价格自然就下降。

宋孝宗回答：朝廷也早早发现了这个问题。我曾指派叶丞相从国库拿出现钱从民间回收会子，想让它的价格稳定一些。不过这样一来，以后可能就无法再发新的会子了。

辛弃疾说：这种方法只能在短期内奏效。如果会子价格一下跌，国库就要拿钱，而等新发会子之后，会子价格又会有所跌落，如此不稳定，百姓对它的信任就更低了。会子本以便民，却造成这么多不便，这都是朝廷自己就轻贱会子的缘故啊！

金属货币有磨损的危险，携带又很不方便，有了会子之后，卷藏提携都轻便至极，这是会子的优势。然而因为朝廷与民争利，会子发行量过大，将太多现钱收充国库，民间见到会子多而现钱少，当然会让会子掉价。而且各地的兑换比率也不一样，比如会子在江阴军换钱可以得到七百四十整，建康府换钱只能得到七百一十。差别就在于两地对于会子的看重程度不同。古人云："将欲取之，必先予之"，正是这个道理。为了解决这个问题，臣以为朝廷应当以身作则，重视会子，使之贵于金属货币。假如平时一会子只能换一贯铜钱，现在可以换得比一贯还稍多，即使只是多出一点，也会让人肯定会子的价值。

宋孝宗觉得这番话有理有据。他一直以为辛弃疾只是个一心抗敌的莽夫，没想到对于经济也如此了解，心中颇为欣赏。

辛弃疾继续说：会子之所以有价格差异，也在于印造太多，而发行之地不广。如果扩大范围，让民间买卖田产之时，都用会子和现钱一半一半的形式签订契约，一旦有人违约，官府再秉公处理，如此一来，就会巩固会子在民间的使用频率。无事之时军民无会子之弊，缓急之际朝廷无乏兴之忧，就能最大限度发挥会子的好处了。

宋孝宗满意地点点头，对辛弃疾赞赏了几句，就令他退下了。

叶衡看到机会大好，急忙向皇帝呈上一封奏折：陛下，这是辛弃疾写的《论行用会子疏》，里面详细讲述了刚才的观点。

皇帝看着辛弃疾苍劲有力的字体，不住点头。

叶衡正要继续表扬辛弃疾在滁州的功绩，宋孝宗反而先开了口：叶爱卿啊，辛卿今日所言甚是有理。如果他在其他事情上也能如此体谅朕，为朕分忧就好了。

叶衡话刚到嘴边，就停了下来。连连称是。宋孝宗接着说：我准备就按照他的办法执行。没想到辛卿不仅勇武，还很有谋略。我早先听说他在滁州治理有方，今日再看，果然比几年前成熟不少。只是……

叶衡心中一凉。

宋孝宗放下奏折：辛卿锋芒毕露，恐怕会无意中得罪他人。如果和同僚发生矛盾，还怎么替朕好好治理百姓呢？

叶衡说：陛下所言极是。辛参议官确有才干，只是有时性子不够沉稳，但他的能力是值得肯定的。

宋孝宗也心知肚明。只是辛弃疾主战的态度让宋孝宗无法真的重用他。北伐一直是南宋的敏感话题，但辛弃疾却像毫不知情一般，大胆地撕裂这个时代的疮口，令人不快。

不久以后宋孝宗还是下了召：辛弃疾在经济上确有才能，不如就让他去做仓部郎官吧。于是在 1175 年，辛弃疾江东的官还没当几天，就又换了官职，但人在朝中身不由己，也只能马不停蹄地上任。

他还不知道，就在自己于朝堂上为国家经济出谋划策时，在遥远的赣州，一伙茶商起义了。

他与这件事本该毫无交集。如果他不认识叶衡，不被举荐去廷对，不向皇帝上书治理会子，可能宋孝宗就不会想起派遣辛弃疾去赣州镇压茶商。

但历史充满了巧合，这种巧合又充满了逻辑的必然。辛弃疾在那个恰好的时候恰好出现在历史舞台的某个场景中，就成了这场剧目中不可缺少的部分。

茶商起义

赖文政这年已经 60 岁了。正是含饴弄孙的年纪，他却奔波在山林之间，连个好觉都睡不了。

夏天山间蚊虫甚多，然而赖文政只是久久凝望着深蓝的天空，几乎不为所动。他贩茶已经二十多年，风餐露宿，毒蛇瘴气见得太多，这点苦算什么呢。

他其实算是被迫坐到这个位置上来的——前年由于官府与茶商矛盾爆

发，茶农茶商们聚集起来组成队伍抵抗官军。在其中一队中，赖文政年纪最大，又一直很有计谋，所以大家将他围起来，逼他当起义军的首领。

赖文政本不愿意趟这摊浑水，就对大家说：当今天子并没有失德，天下也没有其他值得挑衅的事情，我们这样抵抗会有好结果吗？

但是大家哪里肯听，甚至有人拿刀逼迫他，赖文政没有办法，只能答应下来。

既然成了起义军首领，赖文政也就不敢怠慢：毕竟手下这么多条人命，他必须负起责任。赖文政没有家眷，孤身一人，凭着多年经商行走江湖的经验，几次化险为夷。江西路茶军和湖北路茶军有几千人，一路突袭，遭到了官府的残酷镇压，而赖文政则带着自己四百多人的队伍辗转来到吉州永新县禾山，暂且保存了一点实力。

其实茶商与朝廷的积怨由来已久。由于宋朝人有喝茶的习惯，茶叶几乎是南宋每个家庭都必备的东西，所以贩茶的人很多，利润也很大。北宋时期按照基础通商法对贩茶者收税。到了蔡京执政时期，朝廷觊觎这份厚利，将茶叶贩卖改为政府专卖，茶农必须去政府那里购买"长短引"（经营证）才可以合法贩茶，私自贩茶被视为违法。

然而到了南宋时期，财政吃紧，茶税就成了极为重要的收入，而经营证价格却非常高昂，茶商只好选择走私贩卖。走私让朝廷收入减少，因此朝廷对于走私贩茶的打击极为严峻。责罚越重，反抗越多，茶商和官方的矛盾越来越大。茶商爆发了好多次起义，几乎让官府无力招架，甚至下诏号令地主武装镇压，"每人捕获或杀'贼'首一名，特补进武校尉，二人承信郎，三人承节郎，四人保义郎，五人成忠郎，各添差一次，五人以上取旨优异推恩"。

然而朝廷打错了算盘。

赖文政占据山险，将自己的队伍分散成小队，还与山下的老百姓联合起来——这些年驻军与当地人的关系很差，为了对付起义军，官兵还经常强迫百姓参战，甚至滥杀无辜，这就让百姓们纷纷选择帮助"自己人"。加上赖文政善于经营，经常会送些钱粮给山下的村民，这些人就成了他们的天然岗哨。官兵们好不容易发现茶商起义军的踪迹，再去偷袭时，对方早就转移走了。

起义军们神出鬼没，诡秘莫测。而官军的动静，起义军们却一清二楚。朝廷派兵镇压了几次都没能成功，官兵越打越手足无措，起义军竟越打越壮大，几乎有叛变之势。宋孝宗非常恼火，正在犯难之际，忽然想起了前几天受召廷对的辛弃疾。

对呀！辛弃疾不是一直想上战场打仗吗，他不是有很多用兵方略吗，那就把他派过去镇压这些茶寇吧！

这年7月，辛弃疾又被调职了——他被任命为江西提刑，节制诸军，进击茶商军。

赖文政等来了他真正的对手。

刚一上任，辛弃疾就来到兵营走访，赣州知州陈天麟陪伴在旁，眼看着这位新上司脸色越来越差，介绍情况的语气也不禁小心了起来：这里地势险要，茶寇们都熟谙地形，而朝廷的正规军初来乍到，很容易就被对方牵制，我们已经败了很多场了……

辛弃疾问：为何本营士兵多如此病残之相？

陈天麟回答：大人有所不知，茶寇多次起事，战士们连年作战，损伤很大，而新兵源又跟不上，我们只能……

辛弃疾仔细检查兵车、弓箭等的装备情况，都不尽如人意。这样的士兵，这样的装备，又不了解地形，难怪会输掉！

白天仔细研究了面临的状况后，辛弃疾又召集当地官员开会。他作出了一个令人震惊的决定：淘汰现有士兵，训练一支敢死队。

辛弃疾面对大家的质疑，这样回答：茶寇之所以难平，因为他们善于在溪谷险要之处作战，目标很分散。常规的作战部队太过笨重，目标这么大，一旦深入林中，又会被自身装备牵制，等于亮在明处给对方打。难怪我军人数众多，却一直失败。

听到这番话，同僚们面面相觑，都说新官上任三把火，但这样批评前任，也是有点过分。一时谁也没接话，只是苦笑。

辛弃疾一向心直口快，并未在乎这些官场规则，继续说：所以派遣大部队作战的做法是错误的，因为敌暗我明。为了避免这种状况，必须破坏他们原来所依赖的地形和布置，用精锐小部队分头追捕茶寇。等时机成熟，将他们从山上逼出，那时候就可以一网打尽了。

大家点头称是，按照辛弃疾的要求选拔士兵，上山勘察，没几天，还真组织起一支"敢死队"。辛弃疾按兵不动，仍在寻找时机。

赖文政当然也得知这里来了个辛弃疾。他密切关注着这个新人的动向，交战几次，发现十分棘手，新对手和之前那几任很不同。于是评估局势：自己不是这个人的对手，跑吧。

谁知他们刚一离开，就遭遇了官兵的关卡，损失惨重，只好再次退回山林，但这片山已经不是逃走之前的山林了——辛弃疾组织的精兵队伍，趁他们逃走时火速进入，在里面布置好了天罗地网，摆好阵势，请君入瓮。

其实赖文政也早有预感——甚至在被推举为领袖那一天，也想过这个时刻，只是没想到会这么快到来。

辛弃疾得知茶商军的人数已经减少很多，为了避免不必要的伤亡，决定去劝降。赖文政也传话，说只要辛弃疾肯放过大家的命，就同意归顺官府。

但赖文政是个很机警的人。约定见面的时刻到来之前，他带着一个灵便的随从先偷偷来到了辛弃疾所说的位置查看。远远地，在乱石树木之中，他们望见一个身材高大、体形微胖的大汉，正在和身边的战士们说着什么。赖文政沉默地盯着他看了一会儿后，转身就走。

随从赶忙跟上，问为何不再向前走了。

赖文政回答：那个身材最高大的中年人一定就是辛弃疾，我早听说过他。这人是个才子，可惜……不过我看他行事与常人不同，现在摆出劝降的样子，只是幌子罢了，他一定会杀了我，这只是诱降。

随从问：那该怎么办？

赖文政抬头望着天上正在聚集的乌云，山雨欲来。他此刻的脸色却比天空更阴沉。

等回到茶商军的据点，赖文政作出了一个新的决定：不投降，战斗到底。

当下检点人数,安顿伤员,发放口粮,布置陷阱,重新排兵布阵。他此时竟不像一个农民,宛若一位大将。跟随他的起义兵们早就在这几个月的战斗中对赖文政佩服不已,再没人敢拿刀逼迫他了。

弓箭手、斥候兵都布置得当,凌晨时分,赖文政发动了第一次偷袭。

辛弃疾没有等来那位老人。迎接他的,是一阵箭雨。

虽然稍有错乱,但他也有所防备,可当自己的士兵们撤退时,竟有不少人掉进了捕兽的陷阱。辛弃疾意识到,对方不仅诡计多端,而且非常顽强。

赖文政啊赖文政,你是个什么样的人呢?

来不及多想,辛弃疾身先士卒冲杀出去,在火光映照中寻找对方的破绽。然而毕竟应对仓促,竟然让茶寇们占了一点上风。好不容易,才退回到另一处营地。

忽然一场大雨袭来,逼得双方都不得不停手,回到各自的藏身之处。辛弃疾一边喘息,一边在心中暗暗感叹这些茶寇的厉害。

——雨穿透起义军士兵破烂的衣衫。大家默然无声,都很难熬,但赖文政知道,对面那些士兵们比他更焦灼。

天亮时候,大雨终于停了。赖文政起身,整理仪容,完毕,对身边还跟着的几个起义兵说:老夫本不想当这个首领。你们是知道的。我已过了耳顺之年,起义对我有什么好处呢?不过我毕竟身在漩涡之中,承蒙兄弟们信任,让我来指挥,那我这个将死之人,更应该把兄弟们的前程放在第一位。

已经疲惫不堪的士兵们都有些感动,没有说话。

赖文政接着说:但谋事在人成事在天,我们能坚持至此,已属不易,再继续下去,也只是徒然消耗而已。既然逃无可逃,我们就应该归顺朝廷,而非白白送死。

人群中一阵骚动,有人说:可是前几天官军不是已经招降了吗?

赖文政说:对面的官军首领辛弃疾,和前几任都不同。他绝对有能力将我们全数歼灭。实力如此悬殊,他会在意我们是否投降吗?我们刚才的所谓胜利,已经是强弩之末,相信各位都已明白。但这最后一击却能证明我们的价值。这价值就能保住我们的命。

大家恍然大悟。赖文政正色道:我此去将与辛提刑谈判。若成,大家就投降了朝廷,他一定会给大家生路的!

赖文政向山的另一侧走去。他知道,这是有去无回的旅途。

和想象中凶神恶煞的模样不同,这个老者虽然满面风霜,但细看竟有几分慈祥。

辛弃疾没料到对方首领竟然只身来到了官军的兵营,于是不顾周围人的劝阻,也独自迎了出去,对着老者抱拳行礼:来者可是赖首领?

赖文政回礼:正是在下,对面可是辛提刑?

辛弃疾喝退聚拢过来的手下,走到老者跟前,盯着他的眼睛说,正是。

赖文政说:与辛提刑交手这两个月,深感您练兵有方。

辛弃疾答:彼此彼此。

赖文政微微一笑：虽然如此，无论是贾和仲，还是汪大猷，官府派了这么多人，都没能奈何得了老夫。如今一战，想必你也见识到了我义军的威力。这样打下去，对你们也是巨大的消耗。

辛弃疾答：你们本该遵纪守法，却起身成盗，扰乱乡里，祸乱朝廷，让此地动荡不安，如何当得起"义军"二字？

赖文政眯起眼睛：辛提刑此言差矣。我做茶商四十余年，一直兢兢业业，实在是因为近来茶税太重，官府与民争利太甚，不得已才起而反抗，为其他茶商争取利益。而我虽然与官兵作战，却从未骚扰过百姓，相反，本来该护卫百姓的官兵却大肆滥杀无辜，我辈何来不义之罪？

辛弃疾一时语塞，他明白这位老人说的也是事实，来之前他就对朝廷在此地的应对有所听闻，但他还是如此回应：国有国法，军人护卫国法，天经地义。近来国家财政空虚，不得已加大赋税，乃是因为与金人交战的缘故。而你们却在这种危急时刻为了私利而扰乱地方，这怎么能说是义呢？赖首领手下男儿着实勇猛，有这样的好身手，为何要残喘于山间与自己人为敌，而不想着保卫国家？

赖文政哈哈一笑：辛提刑好大的口气。我区区小民，每日忙于生计，风雨兼程，只为饱腹而已。民生艰难至此，朝廷还要从中争利，这样的朝廷还有什么保卫的必要？

辛弃疾心中一颤。他多年辗转于官场，不是没有见过尸位素餐的官员，赖文政说的话虽然偏激，但对于他的立场来说也不无道理。他叹了口气，继续劝道：朝廷所谓争利，乃是为了平衡更多百姓的利益，其中有种种不得已。何况即使如你所说，也不必以身试法，牺牲这么多生命，又能得到什么呢?

赖文政仰头叹道:我对辛提刑早有耳闻,知道你是个锐意进取、治理有方的好官。然而老朽起于草莽,对战官府,事到如今,已无可转圜之地。不过我今天的确是来归降的。

辛弃疾眉间一跳。

赖文政接着说:刚才你也说,我手下男儿应当去保卫家国,而且已经付出了这么多生命,不该再有牺牲了。所以我希望你答应我,保全他们的性命。

辛弃疾明白。赖文政如果当初立刻就归降,难保不会被朝廷官兵趁机全灭,而这一战后有了筹码,就可以谈条件。

辛弃疾说:国有国法,一切按照大宋律令审判。不过法外有情,只要你们肯归降,我可以保住大家的性命。

他上前一步,继续说:辛某人言出必行,绝无反悔。

赖文政再次仰天大笑:好,我也相信你辛提刑一次。相信你不会像之前的狗官一样言而无信。不过我多年经商,也明白你们官场之事千丝万缕、错综复杂,如果不严惩我们,你也没办法交代。

辛弃疾没料到老人有这一番见地,非常惊讶。

赖文政继续说:既然是契约,那必然有所献祭。我今天决定,要以我一人的头颅,换我手下们的活路。这样一来,大人也可以顺利交差,没有后顾之忧了。

辛弃疾心中一动,没想到对方思虑如此之深,今天这个老者给了他太多震撼。还没来得及回话,只见赖文政向前一步,大喝一声:我区区老朽之身，死有何惧！

旋即抽出佩剑，引颈自刎，从容赴死。

押解俘虏回去的路上，辛弃疾一直没有说话，只觉得心中有种郁郁之气。虽然俘虏了全部茶寇，他却没有那种大功告成的兴奋之感。

大事已成，陈天麟和众多官僚们都很高兴，举行了盛大的庆功宴。席上辛弃疾喝了很多酒，但却没有喝醉。同僚们都过来祝贺，他只是强颜欢笑。回到宅邸，他也没能睡着，索性披衣起来，开始写总结此次事件的奏折。可提起笔来，却难落下一个字，脑海中总是浮现出赖文政说的那番话。

辛弃疾暗夜静思：我历尽千辛南渡而来，是为了报效国家，成为一员猛将，在战场上消灭金人，收复河山。可从什么时候起，我竟沦落到要用平戎之策，来对付被逼无奈的乡间百姓了呢？

可是这些年来，无论他上表多少次，尝试多少次，最后也只是被调来调去，被任命在不同地方为官而已。

同僚的排挤，小人的讥讽，辛弃疾其实从不在意。只是今天他回想起自己的半生，忽然生出一种建功立业的急迫感。比其他任何时候都更迫切。

天亮了，辛弃疾也只在上书中写道："今成功，实天麟之方略也。"对自己的功绩只字未提。

平定茶商军的事传到宋孝宗那里，他非常高兴，还特地向大臣们表扬辛弃疾：辛弃疾捕寇有方，当议优予职名，以示激劝。

于是辛弃疾得到了一个职名：秘阁修撰。

所谓"秘阁修撰"，其实只是一个好听的虚头衔，并无实职。这次，辛弃疾只是获得了名字上的提奖。

其实辛弃疾本来也没有抱什么幻想。没多久，等他处理完后续事宜，就又被调走了。

而赖文政的残部，一部分被编入了鄂州都统制皇甫倜的部队，还有一部分被遣送回家。

辛弃疾兑现了他的承诺。

如果辛弃疾没有入朝为官，如果赖文政没有被逼起义，此二者也许会成为心灵相通的忘年之交，然而历史无法假设。他们身份的巨大差异也无法消除，或敌或友，都是时势使然。

虽然平定了茶商军，但辛弃疾也并未真正得到重用，仍是在各地频繁辗转。

做湖北转运副使时，他路过江西造口壁，忽然想起了一段往事：南宋建炎三年（1129年），为了躲避金人，宋高宗的婶母隆祐太后逃难到吉州（今吉安），她一路逃亡，她的随从一路溃散，到了万安时，之前一千多人的护卫阵容已经不到百人，她只好在万安县的皂口弃舟登陆，再仓皇逃至赣州。

位高权重的太后尚且如此慌张惶恐，那百姓呢？

辛弃疾不禁又想起另一段传闻：太后来到赣州以后，曾经强令百姓使用贬值的货币，激起了民愤。太后回宫时却向皇帝哭诉当地人要造反。高宗龙颜大怒，就让岳飞去屠城。岳飞到了赣州才得知真相，为市民陈情上奏，才避免了这场屠杀。

他站在船头，看着江水东流。人们只见到权贵阶层仓皇逃难时的可怜，谁能想到百姓们遭受了多大的苦难，流了多少泪呢？

他想起在故乡烧杀抢掠的金人，想起在赣州与之作战的茶商军，想到自己带着希望南渡，如今却满眼只剩失望。人间苦，个人的忧愁，也只不过是这盛大忧愁中的一小部分罢了。

辛弃疾回到船舱，写下了一首《菩萨蛮·书江西造口壁》：

郁孤台下清江水，
中间多少行人泪。
西北望长安，可怜无数山。
青山遮不住，毕竟东流去。
江晚正愁余，山深闻鹧鸪。

他的船仍在不断前进，两岸的鹧鸪却像在喊着："行不得也哥哥！"是走是留，是左是右，以后又会到哪个方向，辛弃疾不知道。也许人生到处是进退两难。逃难的太后，被欺辱的百姓，以及作为历史悼念者的辛弃疾，最终也只能共同分享这清江之上哀愁的夜晚。

第六章·千里落花风

前前后后山

从江西提刑,到京西路转运判官,又变成江陵府兼湖北路安抚使,不到一年时间,辛弃疾就被调转了三次。

频繁的官职更迭让他根本无法好好实践自己的想法,施展才能,但君命如此,只能从命。频繁调转带来的烦躁,加上辛弃疾因为耿直得罪的那些人,就像书中的蛀虫,虽然无损书本身的光辉,却还是将它啄得千疮百孔。

1177年冬天,辛弃疾出任江陵府兼湖北路安抚使。这是个重要的职位,辛弃疾总算能稍稍定神,施展才干了。

可这天他听到手下来报,说军人与老百姓在街上互殴。辛弃疾意识到事情的严重性,就换上私服上街了解实情。原来是巡查的兵卒殴打摊贩,其他百姓气不过,就和这些士兵打了起来。

本来不是大事,但辛弃疾询问手下后,得知这些是江陵驻军的统制官率逢原的手下,他们平时就恃强凌弱,不是第一次与百姓发生拳脚了。可报上去,率逢原本人倒恶人先告状,说这些人都是民贼,重伤了他的手下，他们忍耐不过才反击的。辛弃疾听了更加生气：手无寸铁的百姓，就算真的攻击了士兵，又能对这些训练有素的军人造成多大伤害呢。何况，在他多方了解后，的确是这些兵卒有错在先。

手下如此嚣张跋扈，这就是老大纵容的结果！

辛弃疾想找这个率逢原问问清楚。谁知对方振振有词：兵卒训练任务本就繁重，难免脾气急躁，这也是他们勇猛的表现。这次只不过是误伤百姓，算什么错误呢！要告，我倒要先告刁民呢！

辛弃疾却不是能被率逢原的威胁吓倒的人。他决定将那几个殴打百姓的兵卒押到堂前审问。正在做准备时，一位老仆人却不断给他使眼色。辛弃疾看出异样，等大家都退下后，叫他留下，询问白天的事情。

老仆回答：大人有所不知。这率逢原不是寻常的武官，大人审问提拿了他的手下，恐怕会给自己招来祸事啊！

辛弃疾也不是没听闻过率逢原在朝中人脉众多的事情，但没想到厉害至此，问道：如何不寻常？

老仆回答：率逢原不仅认识众多大臣，还与当今圣上的内侍们关系密切。一旦与他结怨，以后您在朝中的日子恐怕更不好过。这些天来，老仆见您为百姓担忧，勤于理政，知道您是好人，所以更不想您成为率逢原的敌人，被他所害啊！

老仆一番话也让辛弃疾有些感动，原来，自己为百姓做的那些事不是没人在意的。

辛弃疾柔和地对老人说：多谢您好意提醒，可是这率逢原一次次欺压百姓，不正是因为从未受过惩罚，毫无顾忌吗？如果继续忍耐，我如何对得起昨天对百姓的承诺呢？只要我向皇上禀明此事，相信他会有所收敛的。

老仆欲言又止，叹口气离开了。

他的提醒并非没有道理。辛弃疾也知道可能会遭遇什么。但他不会就此被吓退。辛弃疾连夜写了一封上书，详细描述了率逢原纵容手下的经过，心想：只要事实清楚，就可以按律处理了吧？

第二天辛弃疾还是惩处了那些兵卒，替百姓出了一口恶气。

谁知道，此事过后，辛弃疾等来的却是一封调转令——调走的不是那个横行霸道的率逢原，却是他辛弃疾。

原来，宋孝宗看到辛弃疾的上奏后，本来也非常气愤，但在几个内侍的劝说下，又有所犹疑。直到这时几个大臣提起了辛弃疾是归正人的事，宋孝宗的脸色一沉——帅守与驻军不能协同，是辛弃疾这个帅守的错误，把他调到隆兴府去吧！

归来十几年，归正人这个身份，依然如乌云般横在辛弃疾头上——他做得好时，有人谏言：辛弃疾乃归正之人，可能有二心，不可重用；他得罪地头蛇时，又会得到这样的批评：辛弃疾乃归正之人，行事本来就乖张，与人不合，能堪当什么大用？

说到底，宋孝宗还是无法信任他。虽然宋孝宗本身并不过分歧视归正人，但辛弃疾的主张却总是刺痛宋孝宗敏感的神经，让他喜欢不起来。况且辛弃疾曾经起义反抗过金兵，如此的能力和反骨，谁能保证他不会再有二心？

所以，孝宗不仅不信任辛弃疾提出的收复失地的见解，也不信任头上罩着归正人这个"紧箍咒"的人的忠贞。辛弃疾在南宋朝廷起起落落的命运,可能在他南渡之前就已经注定了。他自己也忍不住在《鹧鸪天·离豫章别司马汉章大监》中写道:

聚散匆匆不偶然。二年遍历楚山川。但将痛饮酬风月,莫放离歌入管弦。
萦绿带,点青钱,东湖春水碧连天。明朝放我东归去,后夜相思月满船。

然而在隆兴府做安抚使也没做多久,几个月后,辛弃疾又被调到临安担任大理寺少卿。

可在这个职位上,他竟然也没干满半年。1178年秋天,辛弃疾又被调转了。这种频繁的调动在其他官员身上很少见,因此——这几乎就是针对他一人的"暴政"了。

在离开临安前往湖北任职的船上,辛弃疾睡不着,走出船舱,望着初秋的夜空,回想起这两年来的经历,竟有失魂落魄之感。

其实黑夜从来就不是纯黑,而是暗蓝色。如果仔细辨认,就可以在这片暗蓝中,发现起起伏伏的山峦,前后左右,就像要把这流水围住,如同一些巨人,低头俯视这个小小的夜航船。

南方的初秋仍然很热,船家将船靠岸,绑定在江头树上。忽然之间,辛弃疾想起了自己的妻子范氏。这些年来,他频繁调转,夫妻常常不能相见。此刻,她在做什么呢?这样炎热的夜晚,她定然也没有睡着,在给孩子扇风时,她会想起我这个不中用的丈夫吗?

可我的妻啊,你可知正因为我不会改变,才经历了这么多次打击,但无论经过多少次打击,我也不会改变。我欲移山,却并未撼动其分毫,然而群山环绕,亦未能撼动我。

辛弃疾在船上写下了一首词:

《南歌子·万万千千恨》
万万千千恨,前前后后山。傍人道我轿儿宽。不道被他遮得、望伊难。
今夜江头树,船儿系那边。知他热后甚时眠。万万不成眠后、有谁扇。

没有出色的用典,没有雄奇的比喻。这首词不像辛弃疾其他的词作那般有斟酌,有奇思,大气豪迈。它更像一篇日记,真实而温暖,是一个常年奔波在外的丈夫对妻子的抱歉,是一个长久被压制和打击的有才能者在深夜发出的叹息。

兴亡百姓苦

《满江红·江行》

过眼溪山,怪都似、旧时曾识。是梦里、寻常行遍,江南江北。佳处径须携杖去,能消几两平生屐。笑尘埃、三十九年非,长为客。

> 吴楚地，东南坼。英雄事，曹刘敌。被西风吹尽，了无陈迹。楼观才成人已去，旌旗未卷头先白。叹人间、哀乐转相寻，今犹昔。

这又是一首写在路上的词，是的，1179 年，辛弃疾又被调职，这次是到荆州做转运副使。

为官多年，宦迹不定，辛弃疾对于民间和官场的状态早已烂熟于心。然而与金国交战以来，由于财政空虚，朝廷对百姓的压迫也愈加繁重，各类赋税层出不穷，加上兵荒马乱，兵卒乡霸经常联合起来鱼肉乡里，许多百姓不堪忍受，揭竿而起。

比如郴州陈峒起义——因为当地官府用"和籴"的名义无偿勒索农民粮食，农民们气愤不过，就在陈峒的带领下起而反抗。起义军攻克道州（今湖南道县）、桂阳军（今湖南桂阳）及连州（今广东连州市）所属四个县城，最后竟然汇聚了数千人。他们在山岭中穿梭，竟然用一些自制的武器，如偏驾弩、礌石、手炮及小盾等，多次打败官军。直到五月他们被围困，起义才失败。

广西也爆发了李接起义。李接是广西容州陆川县（今广西陆川）的爆发弓手。他让起义军们在城内张贴榜文，宣布十年不收赋税，然后打开官府及地主粮仓，赈济贫民。这些做法吸引了大批贫苦农民参与起义。他们甚至还尊称李接为李王。半年之后，朝廷官兵在静江府（今广西桂林）与李接作战，李接死在了那里。

如果没有那次与赖文政交谈的经历，辛弃疾也许还不能如此深入地了解和考虑到老百姓所遭受的痛苦，但自那之后，他格外重视了解民情。可了解得越多，辛弃疾越感叹：别说去打败金人了，连朝廷治下的百姓都过得这么凄惨，朝廷军队还哪里称得上正义之师呢？

一次次的起义，并没有让朝廷反思自己的错误，反而对百姓愈加不信任。辛弃疾认为，这是皇帝不能体会民间疾苦的缘故，于是就决定上书反映实情。

宋孝宗从众多奏折中，又发现了辛弃疾的名字。

其实宋孝宗对他感情复杂：一方面，他很欣赏辛弃疾的才干，知晓他是个得力的人才。这些年辛弃疾更换官职非常频繁，但每到一个地方，都将公务处理得井井有条，无论是发展经济农业，还是带兵练兵，都是一把好手。可是另一面——宋孝宗忍不住皱眉，这个辛弃疾，有些太不识时务了。

虽然这样想着，他还是打开奏折，看到了题目：《论盗贼札子》。

宋孝宗坐直了身子：这正是他近年来心心念念的事情啊！这回辛弃疾会写些什么呢？

"臣窃惟方今朝廷清明，法令备具，虽四方万里之远，涵泳德泽如在畿甸，宜乎盗贼不作，兵寝刑措，少副陛下厉精求治之意；而比年以来，李金之变、赖文政之变、姚明敖之变、陈峒之变，及今李接、陈子明之变，皆能攘臂一呼，聚众千百，杀掠吏民，死且不顾，重烦大兵翦灭而后已，是岂理所当然者哉？"

的确，近年来民间的起义太多，宋孝宗自诩宽养民力，不明白为何会如此，只是日夜惊惶烦闷。

而辛弃疾则在奏折中指出，近几年这些民变本不该发生，之所以如此，是大臣没有恪尽职守，不能严格执法，惩戒贪腐之徒的缘故。

辛弃疾拿唐太宗的事来举例子——"臣闻唐太宗与群臣论盗,或请重罚以禁,太宗哂之曰:'民之所以为盗者,由赋繁役重,官吏贪求,饥寒切身,故不暇顾廉耻尔。当轻徭薄赋,选用廉吏,使民衣食有余,则自不为盗,安用重罚耶。'大哉斯言。其后海内升平,路不拾遗,外户不闭,卒致贞观之治。以是言之,罪在臣辈,将何所逃。"

接下来,辛弃疾将自己深入民间探查到的细节一一托出:他亲眼见到在路上痛哭无助的村民诉说军队的残暴;才二三月份,一些官员就去催夏天的赋税;还有出贱价购买百姓财物,甚至逼百姓上吊的酷吏……平民百姓惨遭地方官吏盘剥压榨,可贪官酷吏却根本得不到监督和惩处,这才导致了官逼民反。

宋孝宗看了,又惊又怒,连连拍案。虽然他不喜欢辛弃疾,但他觉得辛弃疾说的都是实话。

"民者国之根本,而贪浊之吏迫使为盗,今年剿除,明年扫荡,譬之木焉,日刻月削,不损则折。臣不胜忧国之心,实有私忧过计者,欲望陛下深思致盗之由,讲求弭盗之术,无恃其有平盗之兵也。

"臣孤危一身久矣,荷陛下保全,事有可为,杀身不顾。况陛下付臣以按察之权,责臣以澄清之任,封部之内,吏有贪浊,职所当问,其敢瘝旷以负恩遇!自今贪浊之吏,臣当不畏强御,次第按奏,以俟明宪,庶几荒陬远徼,民得更生,盗贼衰息,以助成朝廷胜残去杀之治。但臣生平则刚拙自信,年来不为众人所容,顾恐言未脱口而祸不旋踵,使他日任陛下远方耳目之寄者,指臣为戒,不敢按吏,以养成盗贼之祸,为可虑耳。"

看到这里,宋孝宗甚至有些感动。他想起了之前的两次廷对——虽然辛弃疾过于耿直顽固,但的确是个好官。

"伏望朝廷先以臣今所奏,申敕本路州县:自今以始,洗心革面,皆以惠养元元为意,有违弃法度、贪冒亡厌者,使诸司各扬其职,无徒取小吏按举,以应故事,且自为文过之地而已也。臣不胜幸甚。"

辛弃疾希望宋孝宗能严令各级官吏悔过自新,将执政为民、养育百姓作为职责,并严惩那些违背律法、贪得无厌的官吏。因为防止百姓起义,最主要的办法不是靠军队,而是给老百姓一个安稳度日的环境。

宋孝宗当下叫来侍从:批答辛弃疾文字,可扎下诸路监司帅臣遵守施行。

想了想,他又亲自提笔回复道:卿所言在已病之后,而不能防于未然之前,其原盖有三焉:官吏贪求而帅臣监司不能按察,一也。方盗贼窃发,其初甚微,而帅臣监司漫不知之,坐待猖獗,二也。当无事时,武备不修,务为因循,将兵不练,例皆占破,才闻啸聚,而帅臣监司仓皇失措,三也。夫国家张官置吏,当如是乎?且官吏贪求,自有常宪,无贤不肖,皆共知之,亦岂待喋喋申谕之耶?今已除卿帅湖南,宜体此意,行其所知,无惮豪强之吏,当具以闻。朕言不再,第有诛赏而已。

宋孝宗这次真的决定重用辛弃疾:把他派到湖南担任安抚使,只要查到某些人贪赃枉法,就可以直接上奏,加以惩罚。

因为自己个性耿直,在每个地方都匆匆忙忙,很难建立自己的社交圈,辛弃疾饱受人事掣肘之苦。

庸庸碌碌多年,辛弃疾终于等来了一个机会,可以大展拳脚了。

"盗贼"与飞虎军

淳熙七年(1180年),辛弃疾41岁。才刚过了四十不惑的年龄,鬓发却已花白。也许是多年羁旅和壮志未酬的原因,让他显得比同龄人更苍老疲惫。作为一个北方人,他一直热切期望能带着王师出兵北伐,可南归将近二十年,他却一直在辗转。

在频繁调职的时候,辛弃疾曾经写过一首《水调歌头·我饮不须劝》感叹自己的遭遇:

我饮不须劝,正怕酒樽空。别离亦复何恨?此别恨匆匆。头上貂蝉贵客,苑外麒麟高冢,人世竟谁雄?一笑出门去,千里落花风。

孙刘辈,能使我,不为公。余发种种如是,此事付渠侬。但觉平生湖海,除了醉吟风月,此外百无功。毫发皆帝力,更乞鉴湖东。

一笑出门去,千里落花风。颇有李白"仰天大笑出门去,我辈岂是蓬蒿人"之遗风。然而只是说来潇洒,千里奔波,风尘仆仆,其中辛苦冷暖自知。

这一年,他在湖南任潭州兼湖南安抚使,这是个有实权的职位,也是个凶险的职位——湖南境内发生过好几次武装暴动,让这里的地方官苦不堪言。宋孝宗看了他的《论盗贼札子》非常欣赏,就让他在湖南严厉惩治"盗贼"。

辛弃疾当然知道,所谓"盗贼作乱",实在是因为连年收成不好,农民生活困苦,而朝廷又不给足够的支持,反而纵容地方官实行苛政,这才逼得人们造了反。所以辛弃疾一到湖南,没有像宋孝宗期待的那样使用严刑峻法,如同剿灭茶商军那般用兵如神,而是发放钱粮,安抚百姓。

辛弃疾知道,仅仅发放粮食是不够的,一定要缓解水涝,才能从根本上解决问题。为了防止水患,他下决心疏浚水塘,修缮大坝,用米雇佣壮丁参与上述工程,既给了他们宝贵的粮食,又让他们保存了自食其力的尊严,而且也就不怕夏天再有水灾了。

可他还是发现了意想不到的问题——前一天才刚刚发放过粮款,第二天再次去那边体察民情时,还是见到了饿倒在街头的农民。辛弃疾刚刚走近,一个老头就在他身前跪下来哭嚎:大人,我快饿死了,您一定要为我们做主啊!

两侧的护卫连忙赶去,想拉开他,被辛弃疾制止。他俯下身去亲切地问老农:老人家,我前一日才发过赈济口粮,您怎么还在这里乞求粮食呢?

老人回答:大人明察!你们昨天发的口粮,大部分让乡社的人劫走了。他们人多势众,我们敢怒不敢言。

辛弃疾大惊失色,询问身边的下属:这乡社究竟是怎么一回事?

厢官李执中上前回答:回大人,这乡社也叫弹压社,是乡间的一些豪绅创立的组织。他们在自己所在的乡村的农家招揽壮丁,然后作为他们自己的私人武装,无事时欺压百姓,有事时组织起来和朝廷对抗。一直为害乡里!

辛弃疾听罢,安抚好老人,就带着这些下属回到府邸召开会议。

听取了各位下属对乡社的描述后,辛弃疾更加愤怒,问道:既然乡社几次与朝廷作对,为何我们不取缔他们呢?

李执中回答:大人有所不知,这乡社虽然多次欺压百姓,但有盗贼起事的时候,他们反而能成为一支有力的地方武装,协助朝廷军队深入山林进行追捕。

辛弃疾明白他说得有道理:如果他们真有组织能力,贸然取缔,恐怕会遭遇更大的反抗。待细细考量,再禀报陛下。

辛弃疾还要考虑另一件事:之前他在别处任职时,也发现了存在地方部队的问题。这些部队武备空虚,风纪败坏,武艺不精,不少人竟然开始经商,与一般百姓无异。这样的部队毫无战斗能力,如果没有这些乡社,百姓恐怕早就被起义兵打得落花流水了。

而且听闻其他属下的叙述,辛弃疾发现乡社中也不都是一些祸害乡里的人。倘若将所有乡社都视为敌人,他们就会团结起来。所以应当分而化之,按照他们平时的表现分出好坏。好的继续保存,坏的由朝廷出面解决。将这些聚集的乡民分化成一个个小组,确保他们不会聚众反抗。"乡社皆杂处深山穷谷中,其间忠实狡诈,色色有之,但不可一切尽罢。今欲择其首领,使大者不过五十家,小者减半,属之巡尉而统之县令,所有兵器,官为印押。"

光做到这些,辛弃疾还觉得不够。他的眼光看向了更远的地方:乡社被分治之后,力量变小,如果以后再遇到起义,光靠军力薄弱的地方部队是很难打赢的。于是他又给朝廷上书,希望能建立一支新军:"军政之敝,统率不一,差出占破,略无已时。军人则利于优闲窠坐,奔走公门,苟图衣食,以故教阅废弛,逃亡者不追,冒名者不举。平居则奸民无所忌惮,缓急则卒伍不堪征行。至调大军,千里讨捕,胜负未决,伤威损重,为害非细。乞依广东摧锋、荆南神劲、福建左翼例,别创一军,以湖南飞虎为名,止拨属三牙、密院,专听帅臣节制调度,庶使夷獠知有军威,望风慑服。"

广东有摧锋军,荆南有神劲军,福建有左翼军,要是湖南也能建立一支飞虎新军,专门由帅臣调度,就可以严加训练,让那些贼人望风慑服了!

上书之后,宋孝宗也很支持这个想法。辛弃疾得到批准,就立即开始建立军营。

要建军营,就需要石料,辛弃疾多方查探,发现了潭州北面的驼嘴山——因为形状像驼嘴,所以才得此名。此山位于水口,其下的麻潭巨石林立,正好可以取来做原料。

然而将石料从那里送到工地的路途极为坎坷,为了方便运输,他先修了一条路。然而,所有的工匠都被调去建营房了,还哪里有人能开采修路需要的石块呢?

辛弃疾又想到了个好办法,下令调集全城在押的囚犯去开采,谁开采得多,就给谁减刑。囚犯们得到消息都很主动,很短的时间内,修路需要的石块就凑齐了。

路刚修好那天,辛弃疾骑着战马一路奔驰,来到山顶——他被频繁调动时担任的几乎都是文职,已经有好多年没能这样御马驰骋了。

辛弃疾远远地望着北方。已是秋天，靠近山顶的地方，金灿灿的银杏和火红的枫叶交相辉映，而在山脚处，还有树木绿意葱茏。一道银白色的瀑布从中飞驰而下，在暖阳下闪闪发光，蓝天高远，风声飒飒，就像他童年在泰山顶时见到的景色一样。

他想起在四风闸度过的青春时光，想起祖父的叮嘱，想起与金人的战斗，想起被害死的好兄弟耿京，想起后会无期的朋友党怀英，听说他已出仕金国。

如今已经过去快二十年。

自己将要建立的这支飞虎军，不应该仅仅与贼寇作战，更应该作为一支劲旅，去收复大好河山啊！

这边，工人在日夜建设军营；那边，辛弃疾在尽心尽力地招募和训练飞虎军。他先从地方部队中选拔合适的人选，再在各地张贴告示，招兵买马。辛弃疾在滁州的经历和平定茶商军时的战功此时成了两块金字招牌：许多人从四面八方慕名而来，仅仅两个多月，就招募了两千壮士。英雄配宝马。辛弃疾还花了五万贯钱买回了五百匹战马。他完全按照正规战阵法训练这些士兵，因为在他心中，镇压那些流寇，不该是这支队伍的最高理想——他们应当走上更大的战场，应当为了家国而战。

而此时在临安，却有很多大臣对此颇有微词。副宰相周必大就是其中一位。这天宋孝宗在偏殿召见他，询问起飞虎军成立之事，周必大说：臣窃见湖南帅臣辛弃疾为了抵御盗贼流寇，避免从朝廷调兵未及时的紧急情况，在湖南本地创置飞虎一军，截至七月，已有步军一千余人，马军一百六十八人。起盖营寨，制造军器，估计明年秋天即可成形，事体已为允当。

宋孝宗连连点头：这个辛弃疾果然是不可多得的将帅之才。

周必大看看宋孝宗的脸色，接着说：只是，辛弃疾也有失当之处。建军至今，他已经花费军饷四十二万贯之多。

宋孝宗面露不满之色：一个小小的军营，怎么花费如此之多？

周必大继续进言：辛弃疾本来说是要建立打击流寇的军队，可实际上他是按照诸军格式分置队伍的。除统领之外，还设置将官四员，拨发官一员，训练官一十五员（内马军将五员，步军将十五员），合千人八十九人（部队将二十五员，并马军押拥队四十员，并步军诸色教头十七人，医人、兽医一二人，统领将司五人）加上每个士兵大约每天二百文的生活开支，一年也需要十八万二千五百贯。这样一来，一年估计还要增加七八万贯的军费，而且平时训练也按照正规军的规格，故而开支巨大。

宋孝宗大为不悦，但仍然说：辛弃疾也是为了平息祸患，只要能成功，花费多些也不打紧。

周必大继续说：臣虽书生，不娴军事，但有几个疑惑，想斗胆讲一下，如果有不中于理的地方，还望陛下怜而恕之。

宋孝宗说：爱卿请讲。

周必大说：臣听说当地的蛮夷住在溪洞中，必须了解其地利，才能与之角逐，他们所用枪牌器械，专务便捷，与正规军全然不同。可是辛弃疾教的却是三衙战阵之法，臣深虑所招新军用违所长。而且辛弃疾得到不少军费，恐怕有损公肥私之嫌……

说到这，宋孝宗忽然打了一个冷战：这辛弃疾难道是在训练一支可以北伐的部队吗？

孝宗不是没有北伐的心意，然而近年来朝臣掣肘，自己又垂垂老矣，早就没了这个心气。好不容易说服自己安心治理国家，不过分奢求向外扩张，他辛弃疾又不合时宜几次三番地上书说要抗敌，这哪里是把君父放在眼里？

这时，又有朝臣上奏，配合周必大的说法，也说辛弃疾在建军的过程中有中饱私囊之嫌。

其实宋孝宗对辛弃疾的不悦由来已久。原来，辛弃疾曾写过一首《摸鱼儿》。他在词中如此写道：

更能消几番风雨？匆匆春又归去。惜春长怕花开早，何况落红无数。春且住。见说道、天涯芳草无归路。怨春不语。算只有殷勤，画檐蛛网，尽日惹飞絮。

长门事，准拟佳期又误。蛾眉曾有人妒。千金纵买相如赋，脉脉此情谁诉？君莫舞。君不见、玉环飞燕皆尘土！闲愁最苦。休去倚危栏，斜阳正在，烟柳断肠处。

有不喜欢辛弃疾的人将这首词传到宋孝宗耳边，让孝宗心中非常不快：又是风雨，又是落红，又是画檐蛛网，这不就是在讽刺朕的大宋江山吗？接下来的一系列比喻，哪个不是把矛头对准朕？

简直就像在当面骂他宋孝宗是个昏君、亡国之君一样。

没有哪个君王受得了这样的指责，宋孝宗自觉勤政识才，虽然被辛弃疾屡次顶撞，但都没有对他治罪，谁想到他竟这般不知好歹！

宋孝宗回忆起这些，又得知辛弃疾竟私自训练北伐军队，花费还如此巨大，涉嫌贪污，龙颜震怒。

然而辛弃疾这边，工匠们还在辛苦地建造营房，对千里外的变故一无所知。直到一道诏书到来——宋孝宗下了一道金字牌，命令飞虎军立即停工。

正是秋雨绵绵的时候，辛弃疾的心却比阴沉的天色还灰暗。眼见着军营平地而起，壮士也到了，宝马也有了，一支队伍基本成形，难道所有的努力都要这样付之东流了吗？

辛弃疾明白，这一定是皇帝受到了一些人的蛊惑，才会忽然要他停止施工。他的心思也一定被主和派知晓——这支部队不仅可以用来平定贼寇，还能用来抵御金人。而这，是那些主和派绝对不想看到的。

停工还是继续？辛弃疾站在屋檐下，眉头紧锁。停工，努力白费了；继续，说不定要给自己招来杀身之祸……监工这时候走过来，他还不知道金字牌的事，虽然发现辛弃疾脸色很差，还是斗胆禀报了一个坏消息：辛帅，军营可能要推迟竣工了！

辛弃疾眼皮一跳，一边把刚刚接到的金字牌收到柜子里，一边问清情况。

监工回答：您也看见了，这雨已经断断续续下了半个月了，按照原定计划两个月后就能竣工，但因为一直下雨，窑里烧的瓦片总是干不了，所以我们只能等到雨彻底停了以后再做打算了！

辛弃疾问：那还需要多少瓦片？

监工说：最少也要二十万片瓦。

辛弃疾沉默半晌，看着还在冒雨施工的人，又看了看藏着金字牌的柜子，他作出一个大胆的决定：不，不能推迟。我限期一个月完工！

监工大惊失色，赶紧施礼恳求：辛帅，您这不是难为我吗！即便我明天就能把瓦片都烧出来，它们能不能用，还得指望老天爷啊！

辛弃疾竟然笑了。他对着监工摆摆手：放心，这些瓦片我来筹集，保证3天内就送到工地！

监工一愣，他知道辛帅是个有才干、出人意料的人，但这次他真的觉得糊涂了。

辛弃疾告别了监工，掰了掰刚才僵硬的手指，走进绵绵的雨幕，他仰头看了一眼青灰色天空，忽然孩子气地在心中默念：老天爷，您不是接二连三地与我辛某人作对吗？那我就偏偏要接住你的考验。

他走向府邸，叫来李执中等人，让他找齐人手和足够的银钱，又命令抄写员抄写发放告示。

第二天，几乎全潭州的老百姓都得知了一个消息：每户居民必须将自家屋檐上的瓦拆下二十片，官府将出一百钱买下，限期两日，送到军营工地。

二十片瓦等于一百钱，虽然价格不高，但也稍稍高于市价，一时间，大量的百姓带着瓦片涌到工地，不过两天的时间，果然凑齐了二十万片瓦！

雨还在下着，但天空变成了蒙蒙的白色，即将要放晴。

工人们在辛弃疾的命令下加快了进度。

果然，不到一个月，飞虎军的军营就建成了。辛弃疾写好了一个奏折，里面详细介绍了各项花费开支，标注了军营的位置，画出了图样。陈明了建立飞虎军的好处，桩桩件件，事无巨细，有理有据，甚至还颇有文采。宋孝宗原本为了辛弃疾不听军令而愤怒，这回看了这个奏章，完全挑不出毛病，也不好再说什么，那些反对派也都灭了火。

一阵秋雨过后，天空的蓝色愈加清明。原本荒芜的城北，如今已经立起了一座崭新的兵营。

辛弃疾就在这里训练飞虎军。除了日常训练，他还对新军严加管制：扰民者轻则罚，重则格杀勿论。一改之前地方部队的习气。

杀贼！

辛弃疾喊道。他在台上挥舞长剑，虽然已年过四十，但精神抖擞，姿态轻盈。

杀贼！

将士们跟着喊道。

群鸟被阵阵吼声惊飞，掠过写着"飞虎大军"的牌子。

辛弃疾望着这一切，禁不住回忆起在耿京军中的日子。

"醉里挑灯看剑，梦回吹角连营。"这些新军何时才能登上战场，一雪前耻呢？

飞虎军自从建立以来，就一直以英勇善战著称，后来成了南宋最精锐的一支地方队伍，维持了三四十年，成为南宋中后期维护湖南政治局势的军事支柱。就连金人都将其视为最大的对手，甚至叫他们"虎儿军"。一向绵软的南宋人，竟然也在军事上让一向强硬的金国人闻风丧胆了一回。

而这一切，都是辛弃疾一手打造的。即使后来辛弃疾离开，不在人世，飞虎军的威名依然在天下流传。人不在，浩气依然。

江西赈灾

就在飞虎军刚刚建成不到三个月时，辛弃疾又被调离了。这一次，他又回到了江西，去隆兴府做知府兼江南西路安抚使。

几乎每一次履新，辛弃疾面对的都是一个烂摊子——江西大旱了两年，此时正面临着大饥荒，遍地饿殍，惨不忍睹。

辛弃疾一路上已经见到不少惨景，心急如焚，刚一到任，就命令当地官员火速来见。没想到，众官僚好似看不见百姓疾苦一般，要么互相推卸责任，要么公然诉起委屈。辛弃疾知道，从这里是问不出什么来的。碍于官场情面，他不好发火，只好亲自去赈济处查验，这一看不要紧，他发现所谓的开仓赈灾根本就是虚名。一边是百姓在街头无助地呼喊，一边是商贾巨富与官员勾结，哄抬物价。

辛弃疾愤怒至极，当天就在城内放榜："闭籴者配，强籴者斩。"凡是不肯开仓赈济的，一律充军发配，凡是擅自抢劫他人钱粮的，直接斩首。

第二天，辛弃疾又命令大小官员数出公家官钱银器，将官吏儒生商贾市民有存粮的人召集过来，用这些银器给他们做本钱，限期一个月，让他们从其他省份买来粮食并带过来，还不收利息。

商人们一看有利可图，也都接下这门生意，一时间，有人的找人，有力的出力，果然不到一个月，源源不断的粮食就运送过来。

忙活了这么久,辛弃疾总算舒了口气。

此时在城外,一队士兵正策马而来。他们虽然身为士兵,但一个个都面黄肌瘦,不多时,辛弃疾听到有人来报:信州知州谢源明的属下求见。

信州就在隆兴府的附近,听说那里也因为旱情严重,发生了饥荒,辛弃疾已经猜到了来者的意图,急忙说:快请进来!

一队士兵护着一个年轻官员走进来,寒暄几句后,官员递上信州知州谢源明写给辛弃疾的信,对着辛弃疾再次拱手施礼:听闻辛大人赈灾有方,已经安顿好了灾民,您不仅缓解了这一时之急,还调来了足够的钱粮,江西省内,无不佩服。可大人有所不知,我信州与隆兴府毗邻,同样灾情严重,现在城内几乎没有余粮了!如果等到朝廷的赈济派下来,不知道又要有多少无辜百姓饿死,希望辛大人念及与谢知州的同道之情,顾及信州百姓的生死存亡,能够慷慨解囊,帮助信州渡过这个难关!

他这番话说得恳切,甚至眼中含泪,辛弃疾正要回话,一个幕属反而先开了口:我们辛大人听说了信州的灾情,也感同身受,非常痛心,可你们也知道,隆兴府的灾情还未完全解除,我们的存粮也不多,何况这钱粮是我们拿官家的财物好不容易换回来的,还要再回收入库。而且我们毕竟分属两地,如果由我们出面相助,于规制不合,请恕我们爱莫能助。

这一番话说得有理有据,年轻官员一时语塞,无助地看了辛弃疾一眼,只见辛弃疾一抬手,示意他少安毋躁,又侧过身问身边的其他大小官员:诸位大人以为如何?

这些幕属们互相看了看,七嘴八舌,但都不同意借粮。

辛弃疾明白,虽然自己这边的燃眉之急刚刚解除,但仍需要大量粮食，私自借粮也确实不合规范……可难道要对信州百姓见死不救吗？

略一沉思，辛弃疾说：普天之下，莫非王土，率土之滨，莫非王臣。信州百姓虽非我等辖区之民，但他们也都是活生生的人，都是天子治下的百姓啊！如今我们怎能因为地域不同，就让百姓等死？如此无情无义，只怕皇上听闻，也要治我们的罪！况且，饥荒一旦严重，就极可能发生瘟疫，我们与信州相邻，谁能保证不会有信州灾民将瘟疫带过来，那时候我们还能独善其身吗？

这番话说得有理有节，幕属们互相看了看，谁也不敢接话。

辛弃疾转头对信州使臣说：您回去禀报谢知州，请他放心，我这就用官钱先换一部分粮米，用船送到信州去！这一路还需要众位兄弟押运了！

信州使臣泪水涟涟，连连作揖。辛弃疾慷慨地拿出自己筹集粮食的十分之三送到了信州。

因为有了这么多有力及时的赈济措施，两地都平安度过了灾荒之年，没有出现流民，也没有出现瘟疫。消息传到宋孝宗那里，孝宗也是大为赞赏，没多久，就提高了他的官阶。

地位的抬升往往伴随着猜忌和流言。辛弃疾本就因为行事果断，刚毅耿直得罪过不少人，这回看不惯他作风的人更多了。但辛弃疾认为清者自清，并不理会。然而人生总是旋起旋落。辛弃疾才晋升没多久，就又遇到了麻烦事。

原来，当年辛弃疾建立飞虎军时擅自藏起金字牌的事情一直让宋孝宗心存芥蒂。他不是不欣赏辛弃疾，只是他如此桀骜难驯，以后还不知道会生出什么事端！

然而无论给了什么考验，辛弃疾都完成得不错。宋孝宗本想将不满压下去，谁知他接连收到了不少详述辛弃疾贪污枉法的奏折。其中一些言之无物，他也知道是官场倾轧，并不理会，但监察御史王蔺的弹劾奏折让他心中一惊，赶忙召见王蔺细问经过。

王蔺本来只是个太学小官，一次宋孝宗去视察，王蔺负责迎驾，宋孝宗见他身材高大，对他印象深刻，就让宦官去问他的名字，不久就把他提拔上来。王蔺受了身边不少大臣的影响，又对飞虎军的建立过程吹毛求疵了一番，添油加醋地上书，说辛弃疾"用钱如泥沙，杀人如草芥"。

宋孝宗于是详细问他：何谓"用钱如泥沙，杀人如草芥"？可有证据？

王蔺回答：回禀陛下，臣已查明，辛弃疾在江西隆兴府任上赈灾时，将大量官府财物低价抵押给商人，并从中牟利，此之谓贪婪；他在建立飞虎军时，光是前期军费就花了四十二万贯，此之谓奢侈；他之前在湖南平定茶寇时，无故杀死了许多投降者，此之谓残暴。

宋孝宗一见他提起飞虎军，又想起之前辛弃疾私自藏起金字牌的事，心想：辛弃疾啊辛弃疾，朕不管是否确有此事，光是你私藏金字牌，就已经犯了欺君之罪。总该给你点教训了！

于是1181年冬天，42岁的辛弃疾被罢官了。

折腾了大半生，升职，调转，贬谪，再调转，再升职，再贬谪。人生像是神秘的函数，时间的纵轴冷酷地向前伸展，然而无论辛弃疾自己在横轴上如何努力，也总是弹起再被抛下，抛下再被弹起。这道曲线也许暗合着命运早早埋下的一道道草蛇灰线——他自北方南渡而来，本不属于这里。也注定在南方的任何地方都只能短暂停留，风尘仆仆，来不及施展任何才能，所有奋斗，总是于事无补。

也许这一切都是因为朝廷对归正人的防备，也许是辛弃疾的观点不被宋孝宗认可，或者，只是单纯的时运不济。但就在人生的起起落落中，岁月忽已晚。辛弃疾从一个抱憾的青年，变成了一个体弱的中年。

只是这个中年人的身上，仍然有少年时的影子。

时代有多苍白，他就有多倔强。

第七章·阮郎归

头白早归来

当辛弃疾将自己好不容易筹措到的赈济粮送到信州时,不会料想到,这里竟然会成为他的退居之地。

1182年,辛弃疾被罢官之后来到了信州(今上饶),在那里的带湖附近建造了一座庄园,起名为"稼轩"。

冥冥中好似有一条线,将他牵引到此处,牵引到带湖,牵引到瓢泉。

《菩萨蛮·稼轩日向儿童说》
稼轩日向儿童说。带湖买得新风月。
头白早归来。种花花已开。
功名浑是错。更莫思量着。
见说小楼东。好山千万重。

写这首词时,辛弃疾还没有被罢官。然而就像对自己的未来有预感似的,他早早就在景色优美的带湖附近为自己添置了一处庄园。

辛弃疾的孩子们记得，父亲经常向他们描述这个正在建造中的人生后花园：春天有梨花，着雨晚来晴；夏天有藕花，雨湿前湖夜；秋天有菊花，待学渊明；冬天有梅花，雪里寻思。

如果这一生早晚要败下阵来，不如为自己寻觅新的归处，即使输了运气，仍不输气势。

辛弃疾官场失意，与他来往的人也有些减少。然而无论遇到怎样的人生低谷，真正的朋友仍然会对他不离不弃，比如翰林学士洪迈。洪迈出身士人阶层，父兄包括自己都曾在朝廷担任重要官职。洪迈7岁时，他的父亲洪皓曾出使金国，却遭到扣留，几经辗转才得以回国。巧合的是，三十三年后，朝廷想再派使节去金国时，出于对金国的恐惧，满朝大臣皆沉默不言，只有洪迈主动请缨，承担了这个使命，和他的父亲一样，成为南宋的使臣。

等洪迈到了燕京，金人就要求他行陪臣礼。但洪迈认为自己是大宋臣民，岂能对他国皇帝行臣子之礼？他坚决回绝。当然，这份固执也让他遭遇了苦头：恼羞成怒的金人将他锁在使馆中，连饭也不给吃，一直困了他三天，后来才在金国左丞相张浩的说和下被遣返。有这样的经历，洪迈当然也成了辛弃疾极为敬重的人，而辛弃疾当年在山东时抗金的经历也让洪迈非常欣赏，于是志趣相投的两人就这样成了朋友。

这一年，洪迈已经59岁，虽然年长辛弃疾许多，但听闻他退居带湖，还是赶过去探访。

穿过信州主城区的街道，从郡城往北大约一里的地方，就是辛弃疾的新家了。

这里本来只是一片荒地，但景色极美：玉带一样清澈的湖水，流淌在城墙前面。土地像磨刀石一样平坦。远远地，洪迈就看到荒地上栽满的水稻，不由得在心中感叹：辛弃疾呀辛弃疾，看来你是真要在这里归隐田园，像老农一样耕作啊。

洪迈踏上长满青苔的小道，路过种满了蔬菜的田圃，任竹影斑驳地洒落在衣衫，正在感叹间，听到前面传来一声响亮的招呼：洪兄终于来了！

辛弃疾拄着竹杖向他走来。洪迈指着房上写着"稼轩"二字的匾额笑道：我刚才看到你的稻田，看到了那些瓜果，你又把这房子命名为"稼轩"，归隐之情真是溢于言表啊！三国有孔明躬耕于南阳，魏晋有渊明采菊于东篱，你如今也要学他们两人，隐于稼轩吗？

辛弃疾笑着作揖：洪兄谬言，我不过是及时行乐，贪图这田园风光罢了。

他热情地拉着洪迈进屋，命令侍女端上茶。两人坐在竹簟上，打开窗户，清凉的风带来远处不知名花果的味道，满室生香。洪迈看到不远处还有许多待建的地基和堆砌的材料。好奇地问：辛老弟这是还要再扩建庄园？

听此一问，辛弃疾兴奋起来，像个孩子似的拿起案上的一捧图纸，指给洪迈看：我已经在图纸上标注了大概的位置，规划好以后，一定会建成的。你看：这些房子东边是山冈，西边有土山，我就可以在北边建造田舍，在南边山脚下种竹林。再修一条石板小径，穿竹林而过，在路旁植满海棠。这样一来，山上有楼，婆娑的树影下有屋，信步行走时有亭。岂不真成了一个世外桃源吗！

洪迈看到图纸上精细地画好的每一栋建筑的样子，连连称赞。

辛弃疾继续说：我还准备在这里的田边建立一个亭子，就叫它"植仗"。

洪迈打趣道：怎么，你还真的想亲自拿农具耕作？

辛弃疾苦笑了一下：想当年我从北方渡江而来的时候，才23岁。那时候我口中含箭，骑马狂奔，命令部下束住马嘴，取道关西越过淮水，一天一夜滴水未进，但依然精力充沛，无须休息。现如今二十年过去，我的年纪还不算太老，但身体已经开始衰弱。你看，十年前我就开始白头了。

辛弃疾指了指自己的两鬓。单看头发，他和大他十多岁的洪迈仿佛同龄人。

听到此处，洪迈也回忆起了过往：古人常说岁月蹉跎，如今真是蹉跎了！想当年，完颜雍遣使议和，我作为接伴使参与谈判，一直坚持土疆实利不可予，才勉强挣到了一点利益。如今我朝虽安，可谁知道这种安定能维持多久呢？朝廷却没有未雨绸缪之心，不练精兵，也不起用你这样有真才实学的能者……未来如果再有战事，难道要我这样的老朽之人再去出使，屈辱求和吗？

辛弃疾叹息道：古人常说，随遇而安。我南渡二十年来，兢兢业业，该做的尝试都做了。然而时不与我，命运不济，事到如今，我也只能过好这眼下的日子了。

洪迈轻抚长须道：辛老弟，你本来就是中原豪杰。还在山东时，你只带着五十个骑兵就从五万人中将叛贼张安国捉拿回来，何其雄壮威武！就连朝堂上那些怯懦的人都深受震撼。你两次担任提刑使和按察使，四次率军开府，担任的都是极度考验能力的官职啊。再说赖文政的叛乱，两地为之震惊却束手无策，而你谈笑之间就将他们扫荡一空。

洪迈说得兴奋，辛弃疾却听得有些沉重。宦旅沉浮这么多年，却没能在任何地方踏实扎根，做出一番真正的事业。

洪迈继续说：可惜……可惜你啊，总是缺一个机会。如果未来时局允许，圣上命你率兵去收复国土，那你必定能够成功！你本来该是周瑜、谢安那样彪炳千古、万古流芳的人物，可如今，你的志向还没实现，却开始隐藏足迹，在山林泉石之间放浪形骸，跟着老农学习种庄稼，恐怕不太合适吧？

辛弃疾摇头叹息：我近来读《庄子》，他说"山林与！皋壤与！使我欣欣然而乐与！乐未毕也，哀又继之。哀乐之来，吾不能御，其去弗能止。悲夫，世人直为物逆旅耳！"虽然山林美景使我陶醉，可如果心中志向不能伸展，再好的景色也只能使我徒增感伤……然而，只怕如今我纵有万字平戎策，也只能换取邻家的种树书了！

洪迈安慰道：辛兄弟不必太过忧心。像我这样的普通人，才该在世上茫然度过一生，才应该寄情田园山水，放牧牛羊。而你还年轻，早晚会被再次起用。希望在我有生之年，得见你施展抱负，建功立业。到时候你锦衣归来，再欣赏这潭影竹风也不迟啊！那时候我就戴着斗笠，划着小船，在玉溪边吹风，再到你这个小园子来，你必定也会像如今这样出门迎接，与我同席而坐，握手相视而笑吧！

这一番话说得真切诚恳，又生动幽默，两人都哈哈大笑。茶水饮尽，辛弃疾又命下人端上酒菜。洪迈兴致高昂，提议要为辛弃疾写一篇《稼轩记》,将自己在带湖新居见到的种种都记录下来。两人直饮到傍晚时分,洪迈才兴尽而归。

辛弃疾刚来带湖时因为一直忙活建造稼轩的事情,反而冲淡了被罢官的忧愁。他也几次三番安慰自己,福祸相依,自己多年忙碌奔波,身体和精神都不堪重负,就当这次罢官是一次休息。然而洪迈的到来让他不得不重新认识自己的处境——说是还会被起用,但那是何时呢?即使得到重用,皇帝能力排众议,派他去收复河山吗?

有时候面临艰难的处境,能做的只有等待。"等待"虽然听起来简单,但很多事情,都是等不及的。

一番愁绪翻涌上来,辛弃疾按捺不住,起身出门,他没有带随从,而是独自去巡视自己这个小小领地。

此时的辛弃疾,不再像年轻时那样精力充沛,身形敏捷。因为腿部有旧疾,他只能手扶竹杖出行。辛弃疾穿着旧袍,脚穿麻鞋,沿着带湖巡游。这里绿竹茂盛,疏影横斜,水面宽阔,如翡翠镜匣,清澈平静。辛弃疾拿着酒壶,边喝边走,他绕着带湖走了一圈又一圈,不知来来回回了多少遍。

走累了,辛弃疾靠坐在一块岸边的大石上,盯着水边立在青苔上的鸥鸟,看着它们拨动浮萍,排开绿藻,一心盯着水面,伺机捕鱼。忽然,他自嘲地笑了。笑自己如鸥鸟般只顾着一个目标,却少有收获,更笑自己可能还不如鸥鸟,能这样翩然来去,自由自在。

不知不觉,夜幕深沉,风从水面来,带着山野的香气。明月初升,映照着这片曾经破败的沼泽荒地,月光静静地落满辛弃疾的全身,不带丝毫迟疑。明月是这般温柔,近乎冷静,作为绝对的旁观者观察着世态百相——人世间有几度欢乐,几度悲哀?那辛弃疾个人呢?还会有几次雄起,几次跌落?辛弃疾不愿去想。只是恍惚间想起,这一年,是他南渡后的第二十年。二十年里他的足迹遍布南国,他曾被皇帝召见,也曾被小人诋毁。他见过了起义军的勇猛,也见过了受难百姓的痛苦。他一直在等一个机会,去一展宏图,然而那个机会始终没有来。

微醺中的辛弃疾醒来又睡去,睡去又醒来。恍惚之中,他不想再关心未来,只想关心现在——河东绿荫还有些稀少,过几天我再来栽上新的杨柳吧!

《水调歌头·盟鸥》
带湖吾甚爱,千丈翠奁开。先生杖屦无事,一日走千回。凡我同盟鸥鹭,今日既盟之后,来往莫相猜。白鹤在何处,尝试与偕来。

破青萍,排翠藻,立苍苔。窥鱼笑汝痴计,不解举吾杯。废沼荒丘畴昔。明月清风此夜,人世几欢哀。东岸绿荫少,杨柳更须栽。

南岩之会

辛弃疾刚被罢官的时候,有一个我们今人看来与他没什么交集的人多次表示愤愤不平。他,就是大名鼎鼎的理学家朱熹。多年的仕途辗转,可能连辛弃疾自己都开始灰心丧气了,朱熹却常常对弟子说:辛幼安是个人才,岂有使不得之理!

言下之意,辛弃疾日后一定还会被重用的。这份信心,大大超越了辛弃疾的自信。

朱熹比辛弃疾大了整整十岁,但年龄的差异没有让两人产生丝毫嫌隙。辛弃疾任职隆兴知府兼江西安抚使的时候,不仅在短时间内调来了粮食,稳定了粮价,甚至还拿出十分之三的粮食去帮助临近的州府。朱熹听闻这些举措,对辛弃疾的才干和义气称赞不已,还和同道们说:这便见得他有才。其实那时二人交往不甚多,但这份钦佩之情,仿佛在说一个熟识已久的老朋友。

带湖的新居落成的时候,朱熹就赶来参观。还特地写了文章夸赞。第二年,朱熹解职回家的路上路过上饶,住在大儒韩元吉家,第二天,他和韩元吉约了上饶诗人徐安国和辛弃疾,准备去上饶南岩游玩。

徐安国是上饶有名的孝子,甚至还作为孝道典型被编入了当地县志。韩元吉是南宋文坛盟主,深得人们敬重,辛弃疾曾经为他写过寿词——

《水龙吟·甲辰岁寿韩南涧尚书》
渡江天马南来,几人真是经纶手。长安父老,新亭风景,可怜依旧。夷甫诸人,神州沉陆,几曾回首。算平戎万里,功名本是,真儒事、君知否。

况有文章山斗。对桐阴、满庭清昼。当年堕地,而今试看,风云奔走。绿野风烟,平泉草木,东山歌酒。待他年,整顿乾坤事了,为先生寿。

韩元吉与辛弃疾都有着抵抗金人、收复中原的愿望，但也都因此遭遇了类似的排挤，这也让两人的友谊更亲密。他也曾给辛弃疾写过这样的词句："南风五月江波，使君莫袖平戎手，燕然未勒，渡泸声在，宸衷怀旧。卧占湖山、楼横百尺，诗成千首。正草蒲叶老，鞭蕖香嫩，高门瑞，人知否？"

四个志同道合的朋友携手同游——虽然都已不再年轻，可行在路上时的气魄，仍如少年一般灵动。远远望去，南岩高有百丈，上面是苍茫绿树，中间有隐秘清泉，石壁上还有许多先人的题词。他们拜祭过文公祠，在大义石旁坐着休息，又去寻访清冽甘美的一滴泉。

休息时朱熹说，自从唐代草衣禅师开创南岩寺后，游客纷纷，题壁诗也越来越多，而这些诗句中有名的那些，又吸引了更多的游人。可见，景色再美，也需要能欣赏景色的人啊！

徐安国点头称是，帮众人斟满辛弃疾带来的酒，提议道：不如我们也写几首咏南岩的诗词吧！

大家一致推举朱熹先来。他推辞不过，只得答应下来，提笔沉思，不多时，笔走龙蛇，诗句就完成了：

《咏一滴泉》

遥望南岩百尺岗，青山叠叠树苍苍。

题诗壁上云生路，人是岩前石作房。

一窍有灵通地脉，半空无雨滴天浆。

鹅湖此去无多路，肯借山间结草堂。

辛弃疾第一个看完，拍手称赞：一窍有灵通地脉，半空无雨滴天浆，好联,好联!气魄宏伟又如此精妙。

朱熹笑道,这一联我之前也曾推敲过许久,终于在这里用上了。

韩元吉指着最后一句揶揄道:怎么,还没忘记七八年前的鹅湖之会?

鹅湖之会是南宋淳熙二年(1175年)在上饶鹅湖寺举行的一次著名的会面——当时朱熹的"理学"和陆九渊的"心学"有着巨大的分歧,两派的追随者之间也常常产生矛盾。为了调和这两派,吕祖谦邀请朱熹和陆九渊兄弟到那里进行辩论。可惜辩论进行了三天,他们还是没能说服彼此。

朱熹面色有些尴尬,微笑不言,辛弃疾说:当时的门生何其幸运,能看到两位先生唇枪舌剑谈论学术。现在那里据说已经成立了书院,也算文脉流传了。

徐安国说:且不说朱子的陈年往事了,幼安老弟,该你作诗了!

辛弃疾笑道,我之前同范廓之来过南岩,写过一首词,这次就偷个懒,就说说上次写的那首吧:

《满江红·游南岩和范廓之韵》

笑拍洪崖,问千丈、翠岩谁削。依旧是、西风白马,北村南郭。似整复斜僧屋乱,欲吞还吐林烟薄。觉人间、万事到秋来,都摇落。

呼斗酒,同君酌。小隐,寻幽约。且丁宁休负,北山猿鹤。有鹿从渠求鹿梦,非鱼定未知鱼乐。正仰看、飞鸟却应人,回头错。

十八年后,1200年,韩元吉的儿子韩淲作《访南岩一滴泉》对这段往事进行了生动的追忆:"忆昨淳熙秋,诸老所闲燕。晦庵持节归,行李自畿甸。来访吾翁庐,翁出成饮饯。因约徐衡仲,西风过游衍;辛师倏然至,载酒俱肴膳。四人语笑处,识者知叹羡。摩挲题字在,苔藓忽侵遍。壬寅到庚申,风景过如箭。"

可惜他写这首诗的时候,他的父亲韩元吉和朱熹已去世多年,虽然摩挲题字仍在,然而风景过如箭,知交半零落。一切都已不似当年了。

中年已识愁滋味

一个人步入中年的标志,大概就是开始越来越多地听到朋友的死讯。

1183 年的夏天,辛弃疾的老朋友叶衡去世了,当时才 62 岁。

又过了四年,还是夏天,朋友韩元吉、汤邦彦和钱仲耕在同一年去世。消息传来,辛弃疾悲痛不已。同道者本就不多,还接连离世。人生在世,且不说能否实现自己的理想、会遇到多少倾轧与斗争,光是对死亡之一瞥,就足以令人心惊。

还是在那一年,即 1187 年的冬天,宋高宗去世了。

他活了 81 岁,即使在中国所有朝代的帝王中都是长寿的。这个稍显神秘、性格莫测的太上皇,几乎影响了辛弃疾的整个前半生。

宋高宗受命于危难之间,一直怕臣子议论他的皇位得来不正,一边恐惧刚猛的金国,另一边又忌惮强势的臣子们。高宗一生经历过两次兵变,

"苗刘兵变"时被关押在破庙中,亲眼看见了自己最亲近的内侍康履惨死;"淮西军变"时,又遭到了南宋五分之一军力的背叛。他的经历与性格决定了他不可能在战争上积极进取。而这份"不可能",也成了辛弃疾一生不得志的最重要原因。

到了1188年,不知什么人传出了流言,在邸报(一种中国古代的报纸)上说辛弃疾以病挂冠,即因病才退居带湖,恐怕命不久矣。辛弃疾知道,虽然他已不在朝堂,还是有很多好事之人编排他。但,也不算全错——那时辛弃疾的确身体很差。他须发全白,牙齿松动,甚至头顶都有些微秃,连腿脚都不再利索,出门要挂拐杖。那个曾经力如青兕、高大魁梧、眼中精光四射的勇士,在多年羁旅之后,变成了一个体弱多病的中年人。

辛弃疾对这些谣言倒也看得开,写了一首词回应这些人:

《沁园春(戊申岁,奏邸忽腾报,谓余以病挂冠,因赋此)》
老子平生,笑尽人间,儿女怨恩。况白头能几,定应独往,青云得意,见说长存。抖擞衣冠,怜渠无恙,合挂当年神武门。都如梦,算能争几许,鸡晓钟昏。

此心无有新冤。况抱瓮年来自灌园。但凄凉顾影,频悲往事,殷勤对佛,欲问前因。却怕青山,也妨贤路,休斗尊前见在身。山中友,试高吟楚些,重与招魂。

其实这些冷箭和他做官时所遭遇的比起来,实在是轻飘飘不值一提。

虽然退隐生活常有烦闷,但天性乐观的辛弃疾总能找到生活的乐趣。甚至,因为没有了官员的身份,他反而更贴近了南宋普通人的生活。

初夏时节,辛弃疾寻访上饶的寻常巷陌,尤其喜爱拜访农家。远远地,看见一排排茅舍聚在一起,溪水从门前流过。走近了,看到一对老夫妇坐在树荫中,讲着一口吴侬软语,相对着喝酒。

成长于北方的辛弃疾刚来到南方时,经常听不懂当地方言。而经过这么多年,这一口吴音竟也如家乡话一般丝丝入耳。他过去打招呼:大哥大嫂,最近庄稼怎么样?日子还过得去吧?

老妇笑着回答:过得去,过得去。今年年景好呀。你看,我大儿子现在正在东边锄豆,二儿子在鸡舍旁边编笼子,我们才能这么悠闲地休息。不过我家老小最淘气了,现在呀,正躺在那边剥莲蓬呢!

辛弃疾被这份淳朴与真挚深深感染。老妇朴实的话语就像一首充满了韵律的歌词。稍稍加工,辛弃疾就写好了一首新词:

《清平乐·村居》
茅檐低小,溪上青青草。
醉里吴音相媚好,白发谁家翁媪?
大儿锄豆溪东,中儿正织鸡笼。
最喜小儿亡赖,溪头卧剥莲蓬。

有颜色,有声音,有气息,有画面。短短几十个字之中,这一家人的生活画面,就这样流传了下来。辛弃疾羡慕这份安闲吗?是羡慕的。否则他不会问得那样仔细，记得那么牢固。然而他会真心地追求这份闲适吗？

仍是不能。虽然退居之后他写过不少歌咏田园风光的句子，但有时候，他也无法欺骗自己——青年时代的不被重用，只是令他心中烦闷，中年时代的闲居在家，带给他的还有焦虑——"个人即使等得及，时代是仓促的"。而辛弃疾快要50岁了。即使时代能等等他，他也未必能等到那个时候了。

这一年，辛弃疾又来到江西省广丰县的博山游览——虽然退居后，腿脚多有不便，但他还是保持了登山的习惯。如果说春夏的农家景色还能勉强给辛弃疾一点安慰，一到秋冬，肃杀的天气就更加唤起沉郁的心情了。此刻林木凋零，风声飒飒，辛弃疾和随从攀上峰顶，感到比去年冷得更早。

他望着远处的群山，忽然想起十多年前，自己在建康做通判时，最喜欢的，就是去登建康赏心亭。

赏心亭居高临下，在那里正好能看到江水与城郭。可几乎每一次，他登临那里时，都怀着愁闷的心情——已经南渡好几年，本以为能得到重用，几次上书，都石沉大海，他内心愁闷，写了许多词聊以抒怀。

而今回想起来，辛弃疾忽然觉得，那些抒怀其实并不真诚——然而这是一种不自觉的矫饰。因为太年轻了，以为遭遇几次失败，就是人生全部的失败，以为经历几次风波，就能料想未来所有的风波。足够自恋，也足够自怜，永远以为自己怀才不遇，永远认为自己是唯一被困住的那人。而年轻的生命根本没有那般丰厚的质地，只是为了深刻而深刻罢了。

太年轻了，为赋新词强说愁。

年轻时的愁苦更多是一种抽象的想象，中年时的愁苦却具体、琐碎又沉重，又因为没有了那些强行附加上去的悲剧符号的加持，所谓愁就只是愁而已。冷眼和嘲笑，愚蠢的谣言，开始稀疏的头发，发胖臃肿的身体，拮据的日子与失眠的夜晚。这些细节太过丰富，甚至显出一种可笑来，不悲壮，当然也丝毫不浪漫。

现如今，辛弃疾甚至不敢说出愁这个字，最后只能玩一个拆字的技巧——秋心是愁。心中思绪万千，翻江倒海，嘴上却只说天凉好个秋：

《丑奴儿·书博山道中壁》
少年不识愁滋味，爱上层楼。爱上层楼。为赋新词强说愁。
而今识尽愁滋味，欲说还休。欲说还休。却道天凉好个秋。

少年鞍马尘

因为退居，辛弃疾有了许多时间到各处游览。

虽然从前做官时也辗转了不少地方，可每次都面临着种种烂摊子需要收拾的境遇，他根本没有心情去欣赏当地的风土人情。而如今他可以自如来去，所写的词也涌起了一股自由和灵动之感：

《西江月·夜行黄沙道中》
明月别枝惊鹊，清风半夜鸣蝉。稻花香里说丰年，听取蛙声一片。
七八个星天外，两三点雨山前。旧时茅店社林边，路转溪头忽见。

"旧时茅店社林边,路转溪头忽见"和"山重水复疑无路,柳暗花明又一村"有相似之处。但辛弃疾能在被贬谪期间有如此的观察和心境,这种乐观大概也是一种宝贵的天赋。

当然,随着年龄增长,辛弃疾忍不住哀叹岁月蹉跎。更有天地苍茫,不知此身何寄之感。这一时期他也写过《临江仙》这样的词:

老去浑身无著处,天教只住山林。百年光景百年心。更欢须叹息,无病也呻吟。

试向浮瓜沉李处,清风散发披襟。莫嫌浅后更频斟。要他诗句好,须是酒杯深。

辛弃疾总是心事起伏,左右不定。一时有洒脱,一时又有纠结。很多人以为进入中年后一切都会稳定下来,殊不知自古老来多垂泪,因为经历甚多,千头万绪,对风物可能更敏感,感受也更真切,情绪的变化也来得更复杂、更激烈。

其实辛弃疾对自己被贬早有预感。那还是在湖南担任湖南转运副使和安抚使的时候,辛弃疾和朋友张处父喝酒聊天。酒酣耳热之际,辛弃疾忍不住和他说起自己南归之前的故事。

在耿京麾下的时候,军队经常和金人正面遭遇,他曾经带着一万多名精锐的骑兵渡过黄河,还策划过一次成功的偷袭。箭矢密集地向金人营地飞去,杀声震天。但敌人有多凶狠,战士们也有多勇敢。

张处父听得连连称赞。辛弃疾说:可恨如今我髀肉复生,哪里还有上阵杀敌的气魄呢？

此时天色昏沉，大片大片的云朵聚集在空中，使得地上的灯火都显得有些昏暗。醉眼模糊之中，这些流动的云仿佛远在天外，又仿佛浮在眼前。忽然云朵变成了千军万马，奔向远方，最终汇成一道铁骑洪流。

张处父也有些醉了。他对辛弃疾说：我知道你内心苦闷。空怀一腔热血，却壮志难酬。然而人间之事，无论好坏，都应看作是虚妄，这样才能保持心情的平静啊。

辛弃疾说：能否平静，虽然要看个人的悟性，也得看环境的变化。

张处父说：此话有理。你可听过"阮郎归"的故事？

辛弃疾说：是《太平广记》里的故事吗？细节已经记不清了。不如你再为我讲一遍吧！

张处父放下酒杯认真讲了起来，辛弃疾也用心去听。

这个故事是说刘晨和阮肇两个年轻人，一次去山上采药时迷了路，而天色已晚，冒险下山恐怕有危险，于是二人就滞留山中。然而到了白天，他们还是没能找到下山的路，两人忍饥挨饿已经十三天，正在几乎要饿死时，竟然发现了几棵桃树，他们如获至宝地吃完桃子，继续找路。沿着溪水向下走时，忽然看到溪边有两个年轻貌美的少女，不知怎么，两个女孩一见到他们，就好似见到熟识的亲友那样亲切地说，"刘、阮二位郎君回来了，怎么来得这样晚呀。"说完，就带着他们回到家中，招待他们在漂亮的罗织床帐中休息，又让侍女给他们拿了许多美味的吃食。

酒足饭饱，两位女郎又同他们像夫妻那般亲昵。如是这般住了十多天，两人觉得有些思念家中亲人，就向两位女郎请辞。但她们又苦苦相留,刘,阮两个少年只好又住了半年。

这时已是春分时节,熟悉的风物勾起了思乡之情,刘,阮两人再次向女郎们请辞。女郎们不好再挽留,就送他们蹚过溪水,把回去的路指给他们。两位年轻人这才回到了家乡。可到了那里,却发生了意想不到的事情。

张处父笑着喝了一口酒,略作停顿。

辛弃疾道:我想起来了。他们回去后,发现家乡早已经破败,又走得更远问了行人,才知道竟然已经过了千年的时间。

张处父说,古人有黄粱一梦,观棋柯烂之说,如今刘、阮二位不也是亲历了同样的故事吗!

辛弃疾明白张处父讲这个故事的意思。他叹口气说,不过刘、阮二人最后的选择却有很大差别:刘晨虽然经历了这样大的波折,还是投入了尘世,娶妻生子,度过一生。阮郎却看破红尘,入山修道去了。你以为这二人的选择哪个更好?

张处父说:我觉得阮郎更好。此番经历常人难及,说明他与道有缘分,入山修道,正是大彻大悟的表现。

辛弃疾说:我同张兄有不同看法,何谓入世,何谓出世,谁说出世才能大彻大悟?明知道一切有为法,如梦幻泡影,却依然投身其间,为之奋斗,我以为是更大的觉悟。

张处父喝了口酒:辛兄总是这般积极进取。已经过了这么多年,还没有放弃亲自上阵杀敌、收复中原的愿望吗?

辛弃疾朗笑几声:是儒冠误身啊!想当年,我与战友们分食牛肉,听着号角声入睡,出入都是一身盔甲,可现如今,我却挥着羽扇,带着书生的头巾。和自己青年时看不起的那些只会纸上谈兵的人别无二致。我常常想到，如果十多年前的自己看到我现在这副样子，一定会多有嘲讽吧！

辛弃疾这时候刚刚生过一场大病，憔悴了很多。谈到动情处，辛弃疾拿过笔来，写了一首新词：

《阮郎归·耒阳道中为张处父推官赋》
山前灯火欲黄昏，山头来去云。
鹧鸪声里数家村，潇湘逢故人。
挥羽扇，整纶巾，少年鞍马尘。
如今憔悴赋招魂，儒冠多误身。

——阮郎终究归于人世，而少年鞍马尘。

第八章·男儿到死心如铁

状 元 之 梦

话分两头。在这里,要提到辛弃疾的一位故人,名叫陈亮。有一天,陈亮的祖父做了一个梦。

梦中,一个状元打扮的人微笑着招呼他,与他喝酒谈诗,聊得十分投机。不知过了多久,他决定离开,这才想起问那位状元的姓名。

"我叫童汝能。"对方款款回答。

下一秒,这位祖父就醒了。

吉兆,这是吉兆啊!

他醒来后稍稍怔了一会儿,就喊着吉兆二字冲出家门,沧桑的脸上满是喜悦,对着邻人们喊道:我们陈家终于要出状元了!

乡邻们打趣道:陈老爷子,您弟弟考了多少次了,不还是一直落榜吗,何来状元之说?

他指了指院中正在咿呀学语的孙子:不是我弟弟,而是他,我孙子未来一定会成为状元!

邻人只当这老头发痴,笑着走开了。

他蹲下身，叫孙子过来，一字一顿地说：以后，你就叫陈汝能。你会成为大宋的状元郎！

面前的孩子虽然听不懂他的意思，但也跟着开心地笑了起来，尤其那一双眼睛，极黑极亮，充满了灵气。

这位祖父并不知道，陈汝能竟然真的在未来成了状元。虽然那时他已经历了太多的人生起伏，挫折坎坷。

陈汝能，字同甫。后来他给自己改名为陈亮。

很小的时候，陈亮就显示出了与众不同之处。当别的孩子为了做文章揪心不已的时候，陈亮却能在玩闹间隙，提笔就写，千言立就。

连婺州知州周葵都听闻了他的名声——当时，18岁的陈亮点评了19位古往今来的风云人物，写出了《酌古论》三篇。周葵惊叹不已：如此年轻，如此有才华，"他日国士也！"

然而他也知道，过刚易折，太过才华横溢的人，往往更容易走坏了自己本来该有的光辉之路。于是他接见了陈亮，请为上客，在赞许他才能的同时，也希望他能多学习道德性命之学，这样才能行得更安稳。

但陈亮不以为然。他其实已经读过不少道德学说，但觉得这些学说太过空泛虚妄，还不如从历史中直接悟出大道。

一个年轻而有才华的人，总会受到或是出于好意，或是出于妒忌的"劝诫"——人们劝他们谦虚内敛，不要恃才傲物。以为他们都是一些因为过于有才能而不通人情世故的怪杰。

其实所谓人情世故，也只是一种"术"。许多有天赋者，却早早越过这种"术",看到了背后的"道"。

然而,打击也很快来了。自信满满的他曾参加过两次科举考试,竟然都没有考中。

但是陈亮本人却很洒脱,显露出一种天才特有的乐观。他说:"亮闻古人之于文也,犹其为仕也,仕将以行其道也,文将以载其道也,道不在于我,则虽仕何为。"

24 岁的时候,陈亮进入太学。第二年,朝廷与金人屈辱议和,当时朝中大臣都觉得这次议和虽然出让了许多利益,但"天下欣然,幸得苏息"。

这时候,陈亮一个布衣书生竟然跳了出来,就像那个指出国王并没有穿着衣服的孩子,大声疾呼:不能再苟且偷生下去了!

他上书皇帝,却不是只上书了一次,而是连续五次。拳拳之心,昭如日月。这些上书就是历史上著名的《中兴五论》:

臣窃惟海内涂炭,四十余载矣。赤子嗷嗷无告,不可以不拯;国家凭陵之耻,不可以不雪;陵寝不可以不还;舆地不可以不复。此三尺童子之所共知,曩独畏其强耳。

韩信有言,"能反其道,其强易弱"。况今虏酋庸懦,政令日弛,舍戎狄鞍马之长,而从事中州浮靡之习,君臣之间,日趋怠惰。自古夷狄之强,未有四五十年而无变者,稽之天时,揆之人事,当不远矣。不于此时早为之图,纵有他变,何以乘之。万一虏人惩创,更立令主;不然豪杰并起，业归他姓，则南北之患方始。又况南渡已久，中原父老日以殂谢，生长于戎，岂知有我！昔宋文帝欲取河南故地，魏太武以为"我自生发未燥，即知河南是我境土，安得为南朝故地"，故文帝既得而复失之。河北诸镇，终唐之世，以奉贼为忠义，狃于其习而时被其恩，力与上国为敌而不自知其为逆。过此以往，而不能恢复，则中原之民乌知我之为谁？纵有倍力，功未必半。以俚俗论之，父祖质产于人，子孙不能继赎，更数十年，时事一变，皆自陈于官，认为故产，吾安得言质而复取之！则今日之事，可得而更缓乎！

当时那些高居庙堂的文官们没有说话，那些有责任保卫国家的赳赳武夫们没有说话，没有官职、没有地位的陈亮却大胆批评国事。

然而这些文章没有掀起任何波澜。人们都觉得，这人不是疯了，就是傻了。没有人重视他的发言，有的只是讥笑嘲讽。

然而陈亮还是不放弃。此后的几年中，他还是三次上书，揭露一些官员尸位素餐、一味求和的状态。

一开始，那些被陈亮批评的人并不在意这个"疯子"，可次数多了，也都恼怒起来，决定给他点颜色看看。

刑部侍郎何澹就是先沉不住气的那一位。他直接用"言涉犯上"的罪名把陈亮抓了起来，还用鞭子抽打他。陈亮被打得体无完肤，被扔在狱中。幸而后来宋孝宗知道了此事，感慨于陈亮素日的才华，就让人将他免罪放出。

然而一波未平一波又起。刚回家不久，陈亮的一个家童杀了人，对方非说是陈亮指使的。

刚走出一个监狱,陈亮就又进了另一座监狱。

如果说上一次事件还可以有许多回旋争辩的余地,这次人命关天,任谁都犯了难。很多平时与陈亮往来甚多的朋友也都默不作声,没有伸出援手。

疾风知劲草。这时候,是辛弃疾救了他。

聊发少年狂

辛弃疾和陈亮的相识还有一段传说,很有戏剧性。据说陈亮曾经慕名来寻访辛弃疾,将要到达的时候遇到小桥,马三跃而三却,陈亮性急,挥剑斩了马首,徒步而往。辛弃疾此时正在高楼上等他,见到这一幕大为惊讶,派人去问,可刚打点好人出门,陈亮竟然就到了。两人一见如故,共同讨论了朝政中的诸多弊端,大醉同眠。第二天陈亮先醒来,忽然想起昨夜辛弃疾发了许多对时局的牢骚,心里有些惊慌:万一他意识到自己口误,想杀我灭口怎么办?陈亮有因言论入狱的经历,越想越怕,再加上酒意未消,就偷了辛弃疾的骏马逃跑了。

辛弃疾醒来一看,稍一思索便明白了真相,也只得苦笑。过了几个月,陈亮竟然来信了——原来陈亮家中遭变故,需要十万缗的钱财。辛弃疾不计前嫌,如数予之。

这个故事更像是一种传奇演义。其实他们初次结识应该是在辛弃疾做江西安抚使的时候。陈亮仰慕辛弃疾早年带兵打仗的经历,辛弃疾欣赏陈亮力主抗金的气节,两位豪杰当然会英雄惜英雄。

此一时彼一时。多年以后,陷入困境的人成了辛弃疾。

1188年,辛弃疾仍在信州赋闲。这时他已被罢官五年了,身体状况也大不如前。一直生病,甚至还被传出过以病挂冠的流言。

政治的失意,人生的抑塞,生活的苦闷,让年近五十的辛弃疾在长久的黯然中日渐憔悴。所幸,在带湖生活的后期,辛弃疾发现了一泓清泉,喜爱非常,就买了下来,它就是瓢泉。《铅山县志》中如此记载它的样子:"其一规圆如臼,其一直规如瓢。周围皆石径,广四尺许,水从半山喷下,流入臼中,而后入瓢。其水澄渟可鉴。"

在特殊的地理构造下,泉水经过反复涤荡,变得更加清冽甘美。辛弃疾对此地流连忘返,也留下了许多辞章,比如这首《水龙吟·题瓢泉》:

稼轩何必长贫,放泉檐外琼珠泻。乐天知命,古来谁会,行藏用舍。人不堪忧,一瓢自乐,贤哉回也。料当年曾问,饭蔬饮水,何为是、栖栖者。

且对浮云山上,莫匆匆、去流山下。苍颜照影,故应流落,轻裘肥马。绕齿冰霜,满怀芳乳,先生饮罢。笑挂瓢风树,一鸣渠碎,问何如哑。

辛弃疾在并不富裕的退居生活中,想起了那个清苦的"一箪食,一瓢饮，在陋巷。人不堪其忧，回也不改其乐"的颜回。

这年冬天，辛弃疾感染了风寒，在瓢泉的草堂养病。雪下得大而密实，即使偶尔停下，天空依然阴云密布，只有小屋内的炉火，奉献着一点噼噼啪啪的温暖。

辛弃疾不知道，此时在窗外，不太遥远的地方，陈亮正骑着快马疾驰而来。

风雪凝结在他茂密的胡须和头发里，但他毫不在意。一片苍茫的白色中，他终于看见了辛弃疾的小屋——近了，更近了——狗先听到马蹄声，叫了起来，屋中的辛弃疾有点疑惑，差人出去看。这时内门一开，进来了一个一身灰衣的大汉。他抖落了身上的雪，笑着和辛弃疾打招呼：辛老哥，我来看你啦！

外面那么冷，可他身上似乎热气腾腾。辛弃疾从病中惊坐起，这个陈亮总是这样随性，没想到竟然在这样的大雪天赶来。

辛弃疾顾不得披上衣服，就上前握住他的手，将陈亮让进内厅。侍者端来热茶，辛弃疾摆摆手：不喝茶，去温两壶酒来！

陈亮说：这可真是"晚来天欲雪，能饮一杯无"了！

辛弃疾指着屋中的炉火：可惜我这小火炉上没有红泥，又没有好酒。

陈亮说：酒逢知己饮，管它是不是美酒，都可一醉方休！

好！

辛弃疾接过酒坛，给陈亮和自己斟满。两人先豪饮三杯，才开始谈及家常。

当然，没说几句，他们的话题又绕到天下大事上来。

辛弃疾道：五年前你就写信说要来，谁想到出了那样的事……

陈亮叹道：是啊，本想来你的带湖新居，结果却因被人诬陷而去了监牢。如果不是你和几个朋友出面相救，我说不定就被狱卒打死在里面了！

辛弃疾说：你会被诬陷，还不是那些只会拱手端坐、空谈道德的人搞的鬼！我说陈老弟，这也是你平时太过耿直，得罪人太多的缘故。

陈亮指了指辛弃疾：你不也是一样，总是直言上谏，被别人拿了把柄，不然何以落魄为布衣？

说罢，两个人都哈哈大笑。把端酒的侍者们都搞糊涂了：他们明明在说凄惨的经历，怎么还那么开心啊？

辛弃疾说：我年轻时上过《美芹十论》《九议》，你也上过《中兴五论》等，不过哪一个都没有得到执行。你曾说，文将以载其道也，道不在于我，则虽仕何为。现在看来，果真不错。

陈亮说：幼安兄有所不知，我这次来之前，又到建康去了。那里还是老样子。毫无进取之气。虽说长江天险可以作为天然屏障，但倘若金人再起战事，我们就只能再退，最后退无可退，又当如何？所以不能把长江当作我们的门户，而应该作为北伐的起点啊！

辛弃疾说：此言深得我心！不知你是否耳闻过我与圣上的一次廷对，那次我就说了类似的见解，可惜，他并没有理会。圣上刚临朝时，确实有攻伐进取之心，可如今朝堂上都是主和派大臣，朝廷的惧战风气越来越盛了，到处都有衰颓之相。我日思夜想，我朝若能苦练精兵，向外收复失地，尚有重振国威的机会，如果不然——相信你也看到了诸多积弊，我朝看似繁荣，在民间却时有动荡。未来金人换了新首领，卷土重来未可知啊！而且——

　　说到这，辛弃疾忽然压低了声音：那钱塘并非帝王久居之所，如果到时候金人断牛头之山，决西湖之水，则满城皆鱼鳖，天下无援兵啊！

　　陈亮喝了一口酒，脸色也黯然下来：如今你我都老了，人生几何，去日苦多！中原也已经沦陷了太久，可当时留在那里的父老们，活到今天的已所剩无几，年轻人早已不知复仇雪耻，新一代的官又只顾着自己升官发财。再这样下去，恐怕抗金大业真的后继无人了！

　　辛弃疾听罢，胸中又涌起一股奋激豪迈之气。他起身取下房上挂着的宝剑，轻抚剑柄：这是当年我在耿京军中时他赐予我的宝剑，本来是激励我上阵杀敌的，可二十多年来，宝剑不鸣，再未染血光。我已老大无成，本不该再说什么了，可今天碰到了你这个如同陈登、陈遵般有任侠之气的朋友，我也当真是忍不住"老夫聊发少年狂"了！

　　说罢，辛弃疾不顾病体，舞起剑来。

　　他的身形已经臃肿，步伐已经老迈，头发已经花白。可一拿起剑来，好像回到了那个烟尘滚滚、杀声满天的战场。此刻，布衣化成鳞光闪闪的银甲，宝剑化成上下翻腾的游龙，辛弃疾变回了那个鲜衣怒马的少年。

　　毕竟年迈多病，辛弃疾没舞几下，已是气喘吁吁。陈亮见他面色憔悴，体力不支，接过剑来：换我来为幼安兄舞剑吧！

　　辛弃疾颓然坐下，忍不住苦笑：陈老弟，其实我正生着病，可一见你来了，我便高兴得只顾着陪你高歌痛饮了！不如我来吟诗，为你助兴吧！

　　辛弃疾提起一口气来，朗声吟道出了那首留传千古的豪气之词：

《破阵子·为陈同甫赋壮词以寄之》
醉里挑灯看剑,梦回吹角连营。
八百里分麾下炙,五十弦翻塞外声。沙场秋点兵。
马作的卢飞快,弓如霹雳弦惊。
了却君王天下事,赢得生前身后名。可怜白发生!

听到"可怜白发生"一句,陈亮大为动容。等他舞剑完毕,不觉间竟是泪如雨下。

他和辛弃疾一样,自负才高,带着满满的雄心壮志,却遇到了一个只想苟且偏安的世道。即使不了那君王天下事,不要那生前身后名,岁月仍然不近人情,将这两个豪气冲天的年轻人,揉搓成白发苍颜的面貌。

辛弃疾再次为他斟满酒:君不能狸膏金距学斗鸡,坐令鼻息吹虹霓。可笑那些只知道玩乐享受的人,一生都沉迷于简单俗套的快乐。更可笑那些把功名富贵看得重如千钧的人,你我观之,其毕生所求不过轻如鸿毛罢了!只可惜你我拳拳报国之心,只有那西窗明月才知啊!

陈亮这才注意到早已入夜,侍者来掌灯,他们竟未察觉。

窗外,雪已停。一轮皎月出现在深蓝色夜空中,照得天上地下一片清明。

两个朋友拎着酒壶,披着衣服来到雪地中,他们已经说了太多话,却还有更多话想说。但此刻他们相伴着,没有言语,只看着遥远的地方,想着遥远而未竟的志事,明白他们的梦想已永不可能。

不可能的梦想还是被坚持了下去。他们决定踏雪访月下的瓢泉,去看看那不为尘世动摇,也不会被寒冬冰封的甘美流水。

此时风烟俱净,万籁无声。

鹅 湖 之 约

陈亮这次从浙江东阳来见辛弃疾,待了十天。他们谈起他的牢狱之灾;他的被贬经过;他失去的亲人;他告别的朋友。他们谈起那些不被世人理解的观点和那些事关国家兴亡的真知灼见;谈起人心的消沉,黯然和神伤;谈起那依然被金人割裂的北方,汗血良马拖着笨重的盐车无人顾惜,而当政者却要到千里之外用重金收买骏马的骸骨;谈起自己极目远眺,只见到关塞河防道路阻塞,不能通行。

谈得多透彻,就有多寂寞。

到了最后两天的时候,辛弃疾与陈亮去了鹅湖寺,在那边等待朱熹。

鹅湖寺坐落在鹅湖山,山的得名很有些浪漫色彩:山顶积水盈盈,龚氏养育双鹅,渐至育子数百,待到羽毛长成,成群飞去,因命名为鹅湖山。

鹅湖寺出名在唐代。宋代诗人喻良能写过一首《鹅湖寺》,大概介绍了它出名的经过:鹅王牧群鹅,浊世肯下游。积水近天关,有时戏沈浮。老禅天人师,领略倾九州。初开选佛场,坐断诸峰头。当时江东西,海纳吞众流。岁晚徙山麓,华堂跨龙楼。至今韦公碑,照曜苍崖幽。陈迹记往昔,登临纵冥搜。重来岁月疾,俯仰五十秋。抚事一太息,何从问人牛。

惟馀拱把木，百尺环道周。成坏各有时，干戈今少休。空怀三宿恋，为尔半日留。钟声远送客，雾雨昏林休。

辛弃疾经常来鹅湖游览，也写过一首《鹧鸪天·游鹅湖，醉书酒家壁》：

春入平原荠菜花，新耕雨后落群鸦。多情白发春无奈，晚日青帘酒易赊。
闲意态，细生涯。牛栏西畔有桑麻。青裙缟袂谁家女，去趁蚕生看外家。

陈亮在来信州之前就与朱熹有约，想再面对面地好好讨论义利之事，也谈谈对朝堂时局的看法。辛弃疾很久未见朱熹，当然也欣然前往。

他们走进鹅湖寺的大雄宝殿。许多年前，朱熹同陆氏兄弟在此辩论。如今，他会不会再同他们二人往来辩驳呢？

大雄宝殿气象庄严，巨大的佛像微微颔首，显得辛弃疾和陈亮愈发渺小。零星的几个僧人在扫雪，整个院落几乎只听见扫把划过地面时干燥的声音。人类建造的庙宇寂静地守护着佛像，以使得相信佛给予人间庇佑。

陈亮和辛弃疾都没有跪拜上香。陈亮说：佛家讲大慈大悲，甚至要对自己的敌人怀有同样的仁爱。可若爱了敌人，那要如何面对曾被敌人杀戮的同胞？

辛弃疾走近门廊，望着外面冬日的天空感叹：元晦兄如今在讲的性理之道，也总是强调修身养性。但我有时候觉得这是一种虚妄。一味向内修炼，其实是一种不负责任的做法。地藏王菩萨讲"地狱不空，我不成佛"，就是要度化世人。可见，即使讲究超脱世俗的佛教，也有积极进取的一面啊！

陈亮说：正是。

辛弃疾说：我之前读《圆觉经》，对于其中涉及的"唯取极净""唯天诸幻"等烦琐的斋戒仪式，心中很不赞同。本来修佛就是要一个空虚清净，如今为何搞出这些弯弯绕？如果佛经真能空心澄性，那么就不会设置这么多让人迷惑的障碍。若是真有心修行，又何必拘泥于这些礼法呢？出门俯仰见天地，日月光中行坦途。最重要的，不过是无愧本心罢了。

陈亮感叹道：光明正大者，妖魔莫敢靠近。

他们从正午等到下午，接近傍晚了。然而朱熹却一直没有来。陈亮望着远处微微显现的晚霞，叹口气：元晦兄今日不会来了。

辛弃疾沉默了一会儿，心下了然。也罢。

朱熹与他们二人都是好友，在很多问题上都有相似的见解，然而终究本质上还是有区别的。朱熹敏锐地察觉到，陈亮与辛弃疾这次会面中蕴含的政治意蕴：他们两个都是当朝有名的主战派人物，如果自己也去参加这次会面，就代表自己也成了其中一员，而这是朱熹所不愿意的——在他看来，即使要谈恢复大业，也要先格物致知，意正心诚，否则就无从谈起。辛弃疾与陈亮激进的观点，他并不赞同。他更不愿意朝堂中的人将他与这两个主战派看成同一阵线。

但聪明的朱熹在写给陈亮的信中却是这样说的：我只是一介书生，只想在山中伴着粗茶淡饭研究学问,你就不要让我去发表观点了。何况,古往今来有才华而不得伸展的人那么多,我又有什么可抱怨的呢?

陈亮同样聪明,当然明白朱熹的言外之意,他在写给辛弃疾的信中认为,朱熹与辛弃疾两人的政治主张其实根本是不同的,就算辛弃疾心里没有芥蒂,朱熹仍然会在意这种影响。

其实,与其说是政治主张不同,朱熹与陈亮、辛弃疾更大的不同在于价值取向。朱熹更关注朝堂政治,辛、陈二人更看中家国决策。从一开始,他们站的位置就完全不同。这不仅是政治家和书生身份的区别,也是人生观的区别。

朱熹的爽约,虽然在意料之中,但还是让陈亮有些失望,所以在陪伴辛弃疾十天之后,他飘然而去。

他们三人没能风云际会,龙虎相逢,其实并不能算历史的偶然和遗憾。有时候缺席甚至更能达成一种完满——三人不会因某些观点的矛盾而闹崩,仍能保持友谊,这也许是更好的结局。

陈亮已经走了,酒宴酒菜还未撤下,壶中尚有余温。如果没有这十天的热闹,辛弃疾可能也不会感觉到现在的这种冷清。

惆怅地坐了许久,辛弃疾忽然一个激灵——既然朱熹不来,那陈亮本可以留更长时间的,我何不去追他呢?

辛弃疾行动起来,找了一匹快马,把马套在车上,抄了一条近道,去追离开的陈亮。

年近五旬的中年人辛弃疾,如同赤子一般任性了一回。

想挽留朋友的心情,披星戴月去追的冲动,反而成了这次会面中一个最可爱的段落。

他路过灯光渐起的村落,路过水声幽咽的泸溪,路过雪雾迷蒙的鹭鸶林。不知何处飞来一只乌鹊,把松枝上的积雪急促地踏下来,落在他的破帽上,让他的头上又多添了几笔白发。此时天寒地冻,草木凋零,这剩水残山显得更加凄清,只有几枝梅花疏疏淡淡,两三只雁掠过长空,发出凄厉的悲鸣。

然而行路到清江(指江西信江上游)时,水深冰冻,不能渡越,雪深泥滑,好像轮生四角,难以行动,辛弃疾只能停下来。

长夜漫漫。哪里还有朋友的踪影呢?

直到此时辛弃疾才像酒醒了一般,知道去者不可追。天下没有不散的筵席。即使追回了陈亮,他也终究是要走的,自己也终究无法再去挽留。

辛弃疾夜半投宿在吴氏泉湖四望楼。在客房中静静躺着,却无法睡着。这时不知哪里传来悠悠笛声,如怨如慕,如泣如诉。就像知道辛弃疾离别的悲伤,想要抚慰他一般。

在幽怨的笛声之中,辛弃疾回忆起与陈亮朝夕相处的这十天。其实人生中的生离死别,背叛和误解,并不会让人格外难以忍受。他们真正伤怀的是那失落的共同理想——与整个时代相违背的理想。他们要战,要昂扬大宋的精气神,要解救北方百姓,夺回失去的荣光;朝堂却想和,想保持已有的安全,坚守长江天险,想不断用繁华的市井麻痹自己:只要不去面对金国这只猛虎,它就不会真的存在。

是自己错了,还是时代错了?如果都没有错,那么这份选择还要不要坚守?

笛声停了,但这突如其来的寂静更加令人辗转难眠。辛弃疾起身剪了剪灯花,拿过纸笔,写下了一首词:《贺新郎·把酒长亭说》:

陈同父自东阳来过余,留十日。与之同游鹅湖,且会朱晦庵于紫溪,不至,飘然东归。既别之明日,余意中殊恋恋,复欲追路。至鹭鸶林,则雪深泥滑,不得前矣。独饮方村,怅然久之,颇恨挽留之不遂也。夜半投宿吴氏泉湖四望楼,闻邻笛悲甚,为赋《贺新郎》以见意。又五日,同父书来索词,心所同然者如此,可发千里一笑。

把酒长亭说。看渊明、风流酷似,卧龙诸葛。何处飞来林间鹊,蹙踏松梢微雪。要破帽多添华发。剩水残山无态度,被疏梅料理成风月。两三雁,也萧瑟。

佳人重约还轻别。怅清江、天寒不渡,水深冰合。路断车轮生四角,此地行人销骨。问谁使、君来愁绝?铸就而今相思错,料当初、费尽人间铁。长夜笛,莫吹裂。

男儿到死心如铁

没想到,《贺新郎·把酒长亭说》刚写完五天,辛弃疾竟然收到了陈亮的信。信中陈亮写道:我走了这许多天,你一定写了新词作吧!

虽然远隔千里,果然心意相通。辛弃疾笑了。料想陈亮在写这封信时，一定也带着会心的微笑吧。

陈亮走后，仍然意犹未尽，开始了诗词唱和。

陈亮回复了一首《贺新郎·寄辛幼安和见怀韵》：

老去凭谁说。看几番、神奇臭腐，夏裘冬葛。父老长安今余几，后死无仇可雪。犹未燥、当时生发。二十五弦多少恨，算世间、那有平分月。胡妇弄，汉宫瑟。

树犹如此堪重别。只使君、从来与我，话头多合。行矣置之无足问，谁换妍皮痴骨。但莫使、伯牙弦绝。九转丹砂牢拾取，管精金、只是寻常铁。龙共虎，应声裂。

只有你辛弃疾，与我有这么多相同的见解。虽然我们天各一方，但只要双方不变初衷，也就无须太过挂念。我们这样的人，不会缺少知音的！

辛弃疾看过之后，大为感动，又回复了一首《贺新郎·同父见和再用韵答之》：

老大那堪说。似而今、元龙臭味，孟公瓜葛。我病君来高歌饮，惊散楼头飞雪。笑富贵、千钧如发。硬语盘空谁来听？记当时、只有西窗月。重进酒，换鸣瑟。

事无两样人心别。问渠侬：神州毕竟，几番离合？汗血盐车无人顾，千里空收骏骨。正目断、关河路绝。我最怜君中宵舞，道"男儿到死心如铁"。看试手，补天裂。

男儿到死心如铁。

陈亮默默念道。好。男儿到死心如铁!

这个一出生就被寄予厚望的才子,却历经坎坷,几次下狱,屡试不第。但就在这次会面的五年后,陈亮再次参加科举,竟进士及第。

他真的成了状元郎,就像他祖父梦见的一样。他果真实现了家族的梦想,虽然,这可能是他众多梦想中最不看重的那一个。

考中状元一年后,陈亮去世了。时年52岁。

鹅湖相会的时候,他看起来那么年轻健壮。辛弃疾根本无从料想几年后的死别。

远隔千里,辛弃疾只能为陈亮写一篇祭文:

"呜呼!同父(陈亮,字同甫,一作同父——引者注)之才,落笔千言,俊丽雄伟,珠明玉坚,人方窘步,我则沛然,庄周李白,庸敢先鞭。同父之志,平盖万夫,横渠少日,慷慨是须,拟将十万,登封狼胥,彼臧马辈,殆其庸奴。

至于同父,既丰厥禀,智略横生,议论风凛,使之早遇,岂愧衡伊,行年五十,犹一布衣,间以才豪,跌宕四出,要其所厌,千人一律,不然少贬,动顾规检,夫人能之,同父非短,至今海内,能诵三书。世无杨意,孰主相如。中更险困,如履冰崖,人皆欲杀,我独怜才,脱廷尉系,先多士鸣,耿耿未阻,厥声浸宏。盖至是而世未知同父者,益信其为天下之伟人矣。

呜呼!人才之难,自古而然,匪难其人,抑难其天。使乖崖公而不遇，安得征吴入蜀之休绩？太原决胜，即异时落魄之齐贤。方同父之约处，孰不望夫上之人谓握瑜而不宣，今同父发策大廷，天子亲置之第一，是不忧其不用。以同父之才与志，天下之事，孰不可为？所不能自为者，天靳之年。

闽浙相望，音问未绝，子胡一病，遽与我诀！呜呼同父，而止是耶？而今而后，欲与同父憩鹅湖之清阴，酌瓢泉而共饮，长歌相答，极论世事，可复得耶？千里寓辞，知悲之无益，而涕不能已。呜呼同父，尚或临监之否？"

辛弃疾彼时在福建任上，无法脱身去祭拜他。只是他总是回想起几年前在鹅湖的会面，他的走，他的追——如果那天追到他，是不是还能再多聊一会儿，如今的悲伤，是否能缓解一些？

但历史没有假设，也不是一种可以推倒重来的表演。于当事人而言，再宏大冰冷的历史，都是他们的切身实感，念念不忘的追忆。

在那一天，那个送别的宴席上，辛弃疾只是望着陈亮留下的酒壶，心想着，既然朱熹不来，陈亮就可以再多留几日吧？那我到底要不要去追他回来呢？

辛弃疾掀开布帘看看天色。雪光映照的夜空微微发蓝，天地无声无息，在冻结的时空里，唯有群鸟偶尔飞过。他披上衣服抓起酒壶，终于下了决心，乘上马车，在苍茫雪夜的微茫月光下，独自去追那位故人。

风就吹了起来。

第九章·彩云易散琉璃脆

良　　缘

范家的女儿已到了花信年华,还没有出嫁,但她一点都不着急。

有什么好急的?范家女儿范青岚捧着书坐到窗前,心中思量:与其随便找个人嫁了,还不如与书相伴一世呢。

自从全家南渡以后,范青岚的婚事就成了一个大问题。范老爷子范邦彦看上的南方大家族,都歧视他们范家归正人的身份;而听闻过范青岚文采容貌找上门来的那些,又大多居心叵测,别说范青岚自己了,连她母亲都不同意。

就这样,一年一年耽搁下来,在那个女子十五六岁便出嫁的时代,23岁的青岚成了"剩女"。

说是不急,也是因为心中有信念。每每到了想凑合着将自己嫁出去的时候,她总是会想起那个人——那个舞剑的少年。

那时她尚在总角之年,范家还滞留在山东。虽然日子过得颇有些苦楚,但年幼的她总能发现乐趣——她最开心的,是见到辛家老人带来的小哥哥。

他们虽是同岁,范青岚却长得更高一些。仗着这一点点优势,她总捉弄这个叫辛幼安的男孩。幼安却从来都不生气。不过没多久,他就长得比她高大了。

辛幼安真是个奇怪的孩子,青岚总这么想。一起玩游戏的时候,他也总是面容严肃,还会像个大人那样谈论起青岚听不懂的兵法。他们最喜欢的是下雨天,雨来了,他们就在树下挖土,辛幼安煞有介事地构筑好"护城河""大坝",建立起泥的城堡。用小草棍引来水洼里的积水。等水位慢慢变高,他会拿一根木棍捅开"大坝",大喝一声:开闸放水!

水从那个缺口急速地流出来,每一次青岚都要欢呼好久。

另一个开心的事情,就是看辛幼安舞剑。

其实他那时几乎还没有长剑高。但他总不肯拿那把祖父特地为他锻造的短剑,非要拿大人的长剑练习。

只见他辗转腾挪,挑刺劈杀,小小的身体不知哪来的力量,将一把剑舞得虎虎生风。舞到忘情处,他总是将剑往虚空中一刺,大喊:杀贼!

震得连青岚的父亲范邦彦都一个趔趄。舞剑完毕,范邦彦会问辛幼安:你说要杀贼,杀的是什么贼?

辛幼安总会挺直了身躯,锋利的眉毛紧蹙着,用清亮的声音高声回答:我要杀那些残害百姓,夺我河山的贼人!

范邦彦连连叫好,转头欣慰地对辛幼安的祖父辛赞说:叔父,此子将来必成大器!

这时,院子里传来一阵高声谈笑的声音,打断了青岚的回忆。

她透过薄纱窗帘,隐隐看到了那个来客:他身材非常高大,面型方方正正，尤其那一双眉眼，眉飞入鬓，目光炯炯。这人竟然好熟悉，是谁呢？

一整天，范青岚都心烦意乱，直到来客离开，他看到哥哥范如山那喜不自禁的样子，终于忍不住问了：哥哥，今日来家的客人是何人？

范如山说：这便真是他乡遇故知了！是从前咱们在山东时认识的辛家后人，辛幼安啊！

范青岚惊得"啊"了一声，憨厚的范如山却并未多想，急急忙忙去为母亲送东西去了。

然而范邦彦的心思却活络起来了。女儿这些年的怅然，和今日的惊喜，他都看在眼里。今天见到了这个辛幼安，他心中已有了主意。

当晚，他叫来了自己的儿子，准备商议这件事情。

范如山说：我与辛幼安老弟是旧识了，没想到多年未见，他竟然长成了如此威风凛凛的大好男儿！

范邦彦说：我们两家是世交，其实我早就知晓他的文采武功，而我今天叫你来，是想谈青岚的婚事。

范如山这才反应过来：父亲要把青岚许配给幼安吗？

范邦彦说：幼安与青岚也算青梅竹马两小无猜，这些年来她一直不嫁，为父也是理解这种心情的。

范如山高兴极了：我虽然年长辛幼安几岁，但他的见识和胆略无不在我之上，在我心中他如同亲生弟兄一般，若小妹能嫁与幼安，岂不是一段金玉良缘！

范邦彦点头称是，又话头一转：不过，我们毕竟与他失联多年，为父还要再考验考验才是。

不过范邦彦没考验太久。因为他的夫人赵氏先坐不住了。她从前就特别疼爱辛幼安,一听到他来到了范家,马上就拍了板:将青岚嫁给他!

这位聪明又果断的老太太是皇叔士经之女,出身高贵。她活了不止80岁,辛弃疾一直很尊敬她,为她写了许多寿词,比如:

《鹊桥仙·为岳母庆八十》
八旬庆会,人间盛事,齐劝一杯春酿。胭脂小字点眉间,犹记得、旧时宫样。
彩衣更著,功名富贵,直过太公以上。大家著意记新词,遇著个、十字便唱。

"犹记得、旧时宫样"一句,从细节中,隐隐追忆了岳母所经历过的皇家典仪,一定哄得老太太得意又开心。辛弃疾的确是个嘴甜的女婿。

嘴甜也意味着细心,细心是因为尊敬。也许辛弃疾一生之中,都在感谢这位老妇人的精明——她将她的女儿嫁给了辛弃疾。

那个从小就冰雪聪明的姑娘,嫁过来之后依然伶俐非常。甚至能作诗填词,与辛弃疾诗词唱和。

这天辛弃疾去友人诸葛元亮家喝酒,大醉而归,范青岚并不恼怒,只是扶他进屋,帮他换了衣服,擦了脸,又喊了他几声,他只是沉沉睡着,不时蹦出几句酒话,范青岚叹口气,拿过笔墨,走到窗前,簌簌写了起来。

也不知道睡了多久,等辛弃疾醒来时,屋中空无一人,想来妻子已经去准备早饭了。辛弃疾想起前几日答应她戒酒的，谁知又喝成这样，心中惭愧万分。往窗外一看——咦，那窗上贴着的字条是怎么回事？辛弃疾忙凑近去看，上面是几行清丽的蝇头小楷。看了上面的内容，辛弃疾不觉哈哈大笑起来——原来这是妻子在绿窗提诗，劝他不要饮酒过度呢！

想当年，刘伶的妻子劝刘伶少喝酒，刘伶不听，刘伶妻便只会暗暗哭泣，可他辛弃疾的妻子却没有这样，而是用诗词来劝勉，这下，辛弃疾更羞更愧了。以后喝酒时，果然刻意减少了许多。

既然妻子写了词，那自己也回一个吧！

辛弃疾写下了一首新词：

《定风波》（大醉归自葛园，家人有痛饮之戒，故书于壁）
昨夜山公倒载归。儿童应笑醉如泥。试与扶头浑未醒。休问。梦魂犹在葛家溪。
千古醉乡来往路。知处。温柔东畔白云西。起向绿窗高处看。题遍。刘伶元自有贤妻。

范青岚不仅在生活中有情趣，还是个治家能手。辛弃疾花钱一向大手大脚，虽然家中有一些他去书院讲学赚来的额外补贴，也经常会有入不敷出的时候，索性，辛弃疾就将家中财政大权交给妻子。

辛弃疾在长沙任职的时候，曾经认识了一个威名显赫的豪侠赵方，据说这个赵方容貌古怪，两眼高低不平，人们说他一眼观天，一眼观地，令人望而畏之，不敢仰视。不仅如此，他还和金人抗争，使得他们不敢犯边,甚至怕到叫他"赵爷爷"。赵方刚刚到长沙做都尉时,曾经去拜访辛弃疾,共同的抗金志向和雄奇经历让他们一见如故,赵方在那里留了三天,二人畅谈抗战方略,辛弃疾喜欢得不得了,想送他些东西来结交。可一看家底,又傻眼了,拿什么给这位朋友呢?

思前想后,他找来妻子,颇有些不好意思地说:近得一佳士,惜无可为赠。

范青岚淡淡一笑:这有何妨,我有绢十端尚在。

就这样,辛弃疾靠着这位会理财的夫人,又获得了一段友谊。

可惜生活中并不都是这种很快就可以解燃眉之急的日子。更多时候,范青岚陪着辛弃疾提心吊胆——怕他因言获罪,怕他被人中伤,怕他因身体过度劳累而生病等等。

然而,在这漫长的一生中,辛弃疾因耿直进谏被皇帝和大臣们不喜,遭遇了诽谤而被罢官,混得一身大大小小的疾病,从那个舞剑时站得笔挺的少年,变成了一个五十岁就头发全白的老汉。

辛弃疾曾写过这样一首词——《浣溪沙(寿内子)》:

寿酒同斟喜有余。朱颜却对白髭须。两人百岁恰乘除。
婚嫁剩添儿女拜,平安频拆外家书。年年堂上寿星图。

朱颜却对白髭须。同岁的妻子保养得还不错,而他自己已经老了。

辛弃疾一生频繁调转,夫妻两个总是聚少离多。每当行在路上,辛弃疾总会想起自己那留在家中的妻子,想她如何照顾家中老幼,如何应对大事小情,想她是如何度过了那等待中的日日夜夜。

从北方到南国,从人生的高潮到落幕,范青岚都陪在他身边,相濡以沫。

其实范青岚的聪慧与辛弃疾的义气,在多年后还有回响。

那时辛弃疾已经去世,他们夫妇曾资助过的赵方听闻后非常伤心。此时辛弃疾的一个儿子恰好在赵方那里做幕下金属,赵方对这个孩子说,我与你父亲有故交,一定会好好照顾你。

然而这种"照顾"却非常严格,无时程督,辛弃疾的孩子几乎不能忍受,甚至和母亲相对哭泣,所幸终于熬过了三年,向赵方辞行。赵方说:"且可留一日。"

第二天,赵方大摆宴席,将他们母子二人都请过来。他端起酒杯向范青岚敬酒,对他们母子说:"这三年来,并非我刻意严苛对待令郎,实在是因为我曾经领受过先公厚恩,才严格要求令郎,不让他走上歪路。如今我已经为他找到了新官职,到诸监司举纸,七状皆足,并发放在省部讫,请直接赴任就好了。"

念念不忘,必有回响。辛弃疾夫妇留下的好,有人记得,也终有回报。

美人如玉剑如虹

谁也不能否认,宋朝是个情志旖旎、飞扬多姿的王朝。"公子王孙,五陵年少,将带佳人美女,遍地游赏。""春情荡扬,酒兴融怡,雅会幽欢,寸阴可惜。""月满蓬壶灿烂灯,与郎携手至端门。"宋朝人爱玩爱闹,习惯于享受生活。

而在偏安江南的历史大背景中,南宋人仍然不放弃娱乐,这份任性在某些角度看来,几乎可算作一种浪漫。

而很多时候成全了这份浪漫的,正是那些能与士大夫诗词唱和的歌妓。

喜爱热闹、流连于社交场合的辛弃疾,当然也少不了与歌妓们的交游。晚年他曾经回忆过这段风流飘逸、卓尔不群的生活,写过这样的词句:

《满江红》

老子当年,饱经惯、花期酒约。行乐处,轻裘缓带,绣鞍金络。明月楼台箫鼓夜,梨花院落秋千索。共何人、对饮五三钟,颜如玉。

嗟往事,空萧索。怀新恨,又飘泊。但年来何待,许多幽独。海水连天凝望远,山风吹雨征衫薄。向此际、羸马独骎骎,情怀恶。

作为一个词人,时刻搜集新鲜唱词几乎是一种本能。为此辛弃疾一直很喜欢与歌妓往来,也曾在家中供养过歌妓。

歌妓虽然大多数是一些为生活所迫、沦落于烟花柳巷的风尘女子,然而她们中的很多人都得到了良好的教育:或是琴棋书画,或是诗词舞蹈,各有所能,她们烟视媚行,靡颜腻理,也因此成了当时文人们的红颜知己。宋朝歌妓严蕊曾写过这样的诗词:"不是爱风尘,似被前缘误。花落花开自有时,总赖东君主。去也终须去,住也如何住?若得山花插满头,莫问奴归处!"其中才情,不输于一般词人。

那时候官商贵族们会在家中供养歌妓舞伎,甚至可以互相赠送,或者在自己无力支撑歌妓的花费时将其遣去。

退居带湖后,辛弃疾的经济逐渐拮据起来。一次在妻子生病之后,他一时拿不出钱来支付医药费,就叫来一位名为整整的吹笛的歌妓,指着她对医生说:如果您能治好我妻子的病,我就将整整送给您。

没过几天,妻子果然痊愈,辛弃疾也践行了自己的约定。这件事一时传为风流佳话,然而此中对于妻子的情深,对于生活的不得已,对于整整的不舍,都不足为外人道,也只能如人饮水冷暖自知。

辛弃疾还为整整写了一首词:

《好事近》
医者索酬劳,那得许多钱物。
只有一个整整,也盒盘盛得。
下官歌舞转凄惶,剩得几枝笛。
观着这般火色,告妈妈将息。

"下官歌舞转凄惶,剩得几枝笛。"虽然词牌名是"好事近",暗示了一种对整整的祝福,但笙歌管弦的没落也难免让辛弃疾感伤。可惜罢官之后,这种送别歌妓的情景经常发生。

告别歌妓,告别的不仅仅是一位美人,更是告别纤手红袖在侧、能与之赌书分茶的日子,告别一段笙歌不断的欢愉生活。

辛弃疾曾写过一首特别的《水龙吟》:

(爱李延年歌、淳于髡语,合为词,庶几《高唐》《神女》《洛神赋》之意云。)

昔时曾有佳人,翩然绝世而独立。未论一顾倾城,再顾又倾人国。宁不知其、倾城倾国,佳人难得。看行云行雨,朝朝暮暮,阳台下,襄王侧。

堂上更阑烛来,记主人、留髡送客。合尊促坐,罗襦襟解,微闻芗泽。当此之时,止乎礼义,不淫其色。但□□□□,啜其泣矣,又何嗟及!(古书中脱落四字)

辛弃疾用集句的方式,写出了一种哀愁的预感:虽则眼前美人如玉,然而鲜妍易逝,这样的生活会持续多久呢?彩云易散琉璃脆。

赠别歌妓固然令人惆怅,辛弃疾还有几次寻旧识而不得的经历。

那一年辛弃疾自江西帅召为大理寺卿,在长江坐船去临安。

长江岸边有一个小小村落名叫"东流村",是往来长江的舟船停泊之地。这一年的清明节,辛弃疾躺在船舱里。夜风习习,江水的丝丝寒气扑向他的孤枕,使他从睡梦中醒来。坐在船中,不禁感叹仕途辗转,看向那弯曲的河岸,夜幕中的垂柳,景色如此熟悉,令他想起了一位故人。

几年之前辛弃疾也曾路过这里,也在这里歇脚。还是这样的夜晚,这样的时节,辛弃疾在歌妓的画船中,遇见了一位美人。他们在管弦丝竹之声中一起举杯,然后告别。

如今人去楼空,只有往日的燕子还栖息在这里,那时的欢乐,也只有它们能见证了。

想到这里,辛弃疾忍不住向旁人打听她如今的下落。

见惯了秋月春风的船家如数家珍地说起,那在这长江行船上出现又离开的女子。听说在繁华街道的东面,有人曾隔着帘子,见过她的美足。

她还没有嫁人,依然在红尘中漂泊,就如辛弃疾在仕途中辗转一样。辛弃疾又喜又悲。喜的是她如今仍在欢笑场当中,他们还有机会见面;悲的是即使再在酒宴重逢,她一定已经是别人的美妾,是镜中的鲜花,再无法攀折。而那时候——她也一定会感叹我又新添了白发吧。

往日的情志如同春江东流,一去不回,新的遗憾又像云山层叠,不断添来。

伴着忧郁的心绪,辛弃疾写下了《念奴娇·书东流村壁》:

野棠花落,又匆匆过了,清明时节。划地东风欺客梦,一枕云屏寒怯。曲岸持觞,垂杨系马,此地曾轻别。楼空人去,旧游飞燕能说。

闻道绮陌东头,行人长见,帘底纤纤月。旧恨春江流不断,新恨云山千叠。料得明朝,尊前重见,镜里花难折。也应惊问:近来多少华发?

即使写爱情,辛弃疾的文字中仍然透出一种沉郁和悲凉来。因为寻故人而不得的失落,其实和壮志难酬的失落是相似的。正如唐代罗隐的那句"我未成名君未嫁,可能俱是不如人。"辛弃疾没能实现他南归之初的理想,那位歌妓在欢笑场中卖艺维生,当年是这样,现在仍是如此。唯一变化了的,是辛弃疾头上新添了白发。

在人们的印象里,辛弃疾是一个了却君王天下事、壮岁旌旗拥万夫的豪杰。他总是写家国天下,感怀历史,写得雄浑壮烈,气势恢宏,可这只是他的一面——在另一面里的辛弃疾,心思细腻,巧思入微,甚至能精准地揣摩出少女的心思。他如此敏锐和细心,更像是一位沉湎温柔乡的少年,而不是战场归来的英雄汉了。

最难得的是,辛弃疾这个有名的"直男"以女子的口吻写起词来,丝毫没有其他轻浮文人那种自作多情、添油加醋的想象,而是透着一种精致柔美——他竟然将女子心境体味得那样细致入微,读来颇有缠绵悱恻之感,比如这首《祝英台近》:

宝钗分,桃叶渡,烟柳暗南浦。
怕上层楼,十日九风雨。
断肠片片飞红,都无人管,
更谁劝啼莺声住?

鬓边觑,应把花卜归期,才簪又重数。
罗帐灯昏,呜咽梦中语。
是他春带愁来,春归何处?
却不解将愁归去?

温柔和雄奇大概并不是一对反义词，它们同时出现在了辛弃疾的身上。他能抒发"恨古人吾不见，恨古人不见吾狂耳。"里的狂放不羁，也能感受"梦里笙歌花底去"中的璀璨寂寞；他能叹息"千古兴亡多少事？悠悠。不尽长江滚滚流。"里的沧桑历史，也能工笔描绘那"情知归未转愁多"中的娇羞默默。

美人如玉剑如虹。一个真正有赤子之心的人，无论面对国事还是家事，都抱有一致的热情。

无灾无难公卿

这一年，辛弃疾位于带湖新居的婆娑楼建好了。小楼不高，辛弃疾只是聊以自乐。楼建好那天，他带着家人去欣赏景色。几个年纪小的孩子高兴地跑上跑下。辛弃疾坐在和煦的阳光中望着他们，只觉人间万事皆可原谅。

辛弃疾有九个孩子，像是为了配合这个"稼轩"一般，他给他们起的名字中也全都有"禾"字旁，除了豔儿。

可是这个豔儿自生下来便体弱多病，辛弃疾全家都非常烦恼。听说孩子名字越低贱越好养，于是辛弃疾也学民间那样，给孩子起了个乳名，唤作"铁柱"。

然而这个名字仍然没能保住孩子的太平，铁柱夜哭不停。辛弃疾手足无措，甚至去乡间打听应对的办法，老农们热情地给他出主意：写一张符纸贴在门口吧!

一遇到儿女之事,父母总会变得迷信。辛弃疾果然从善如流,写好了一张"天皇皇地皇皇"的咒文,登上梯子,悄悄地贴在卧房门口。

也就是在这个时候,辛弃疾才终于理解了苏东坡那句诗的真正意义:"唯愿吾儿愚且鲁,无灾无难到公卿。"其实哪里需要公卿,只要能无灾无难,他这个父亲就已经满足了。

他在《清平乐·为儿铁柱作》里写:

灵皇醮罢。福禄都来也。试引鹓雏花树下。断了惊惊怕怕。从今日日聪明。更宜潭妹嵩兄。看取辛家铁柱,无灾无难公卿。

蠠儿从小便顽皮聪明,有时在雪楼和婆娑楼之间来回奔跑,有时擎着哥哥们送他的莲花,非要给外祖母戴上。最令辛弃疾欣慰的是,他还在咿呀学语的年纪,竟然就开始要纸笔了。辛弃疾拗不过他的央求,给了他两三张纸,蠠儿就在上面涂涂画画,还学着辛弃疾的样子,写完东西,就过来要酒喝。妻子范青岚道:瞧瞧,你平时就是这个样子,都被我儿学去了!

辛弃疾把蠠儿抱过来,蠠儿摇头晃脑,有模有样地背诵着:关关雎鸠,在河之洲!

孩童的注意力很容易转移,才背了没两句,他就指着床头的画问:阿爷,上面是什么?

辛弃疾抱着他,给他讲其中的故事,没讲几句,孩子便睡着了。

夫妻二人恐怕孩子再夜哭,只得悄悄起身,将孩子安顿好。

在带湖的生活虽然清苦，却是幸福的。当真是乳燕绕膝，尽享天伦之乐了。

可惜好物大多不坚牢。没多久，蘁儿还是因病去世了。

孩子的竹马还放在屋中，那天胡写乱画的纸张仍留在床头。他咿呀学语、指问壁画的情景好像就在昨天发生。

辛弃疾悲痛欲绝。有很长一段时间，他和妻子仍然悄悄地说话，好像孩子还躺在小屋中，恐怕惊醒了他似的。

惯于写词的辛弃疾，这次为儿子写了一首悼亡诗：

《哭蘁十五章》
方看竹马戏，已作《薤露歌》。哀哉天丧予，老泪如倾河。
玉色雪可爱，金石声更清。熟知摧轮早，跬步学不成。
念汝虽孩童，气已负山岳。送汝已成人，行路已悲愕。
他年驷马车，谓可高吾门。只今关心处，政在青枫根。
糊涂不成书，把笔意甚喜。举头见爷笑，持付三四纸。
笑揖索酒罢，高吟关关鸠。至今此篇诗，狼藉在床头。
汝父诚有罪，汝母孝且慈。独不为母计，仓皇去何之！
泪尽眼欲枯，痛深肠已绝。汝方游浩荡，万里挟雄铁。
中堂与曲室，闻汝啼哭声。汝父与汝母，何处可坐行？
从人索莲花，手持双白羽。莲花不可见，莲子心独苦。
足音答答来，多在雪楼下。尚忆附爷耳，指问壁间画。
我痛须自排，汝痴故难忘。何时篆冈竹，重来看眉藏。

昨宵北窗下，不敢高声语。悲深意颠倒，尚疑惊着汝。
世无扁和手，遗恨归砭剂。差谁使之然，刻舟宁复记
百年风雨过，达者齐疡彭。吸我反不如：其不下及情。

依依往事，历历在目。好物大多不坚牢，彩云易散琉璃脆。蟗儿活了很短，却也很"长"——他只在人世留下了浅浅的踪迹，却被定格在这首感人的长诗中。长诗又是如此令人心折，让辛弃疾的悲伤一直流传到了今天。

"汝父诚有罪，汝母孝且慈。独不为母计，仓皇去何之！泪尽眼欲枯，痛深肠已绝。"

然而这种痛失爱子的心情，没经历过的人，不会真的明白。

第十章·历史不转折中的辛弃疾

天下若不变

1140 年是个转折之年。

金人败盟南下,岳飞在郾城、临颍和颍昌府战役中取得连胜,眼见着就能直捣金人老巢,接回二帝,一雪国耻。然而没多久,赵构"措置班师"的诏令下来,岳家军不得已撤退。之前北伐所收复的颍昌(今河南许昌)、淮宁(今河南淮阳)、蔡阳(今河南汝南)、郑州(今河南郑州)等诸地又被金人重新夺回。

局势完全逆转。

风云开阖,兵戈扰攘;龙虎相逢,国事蜩螗。在这动荡的一年,辛弃疾出生了。

然而,再之后,在他于古人中并不算短的、将近七十年的人生中,就没再碰上这样大的转折了。

历史经过短暂的阵痛和波折之后,重新分层、固化,划出崭新的分界线,达到了新的动态平衡。

诸葛亮在《隆中对》中描绘了一个可期许的好未来:"天下有变,则命一上将将荆州之军……则霸业可成，汉室可兴矣。"后人往往只注意后面的那些策略，和策略所欲达到的那个"汉室可兴矣"的结果，却忘记了，这里面最重要的那句话，是"天下有变"。

这个看起来轻飘飘，似乎很容易达成的前提条件，其实才是之后一切能否成立的逻辑基础。如果没有它，说得再多，都不过是想象。

可惜的是，辛弃疾当时所处的南宋，恰恰就缺少这个条件。虽然不能说是完全风平浪静，但南宋与金国双方都没有誓死一战的决心和动力，大环境也倾向于维持稳定，谈不上发生过巨大的转折。辛弃疾终其一生，也没等到那个"天下有变"。

历史如大河奔流，一泻千里，起起伏伏。

历史不转折中的辛弃疾，想要"了却君王天下事"，想要"气吞万里如虎"，想要"壮岁旌旗拥万夫"。然而任他壮怀激烈，平淡的时局只能使他壮志难酬。他收复河山的热望，在苟且偏安的世事中，也终究成了一种执拗。

1191年，辛弃疾已经被罢官十年了。

十年踪迹十年心，他隐匿于带湖和瓢泉，桃李渐成荫；面壁十年图破壁，他初心不改，午夜梦回，想到的还是报效国家。

报效国家——有生之年，是否还来得及？

幸而这一年冬天，辛弃疾无须再为此忧心了。朝廷终于想起了他，起用他为"提点福建路刑狱公事"。

十年未回归朝廷，局势已有了很大的变化：那时孝宗已经禅位，他的儿子光宗赵惇继位。和父亲一样，光宗也是有名的孝子；和父亲一样，光宗如履薄冰地在东宫做太子十多年。眼见自己年过不惑，光宗自然开始着急了。一次拜见孝宗时，他偷偷试探道：父皇，最近有宫人给我进献了一些能染胡须的药物，因为我的胡须已经开始白了，不过我还不太敢用。

孝宗自然对光宗的心态心知肚明——他也曾在类似的处境中度过了很多年。但他知道眼下还不是传位给儿子的时候：虽然外部局势稍定，但群臣掣肘，民众时有起义，此时进行权力交接，他如何放心得下？于是他就这样回答儿子：为何要将白胡须刻意染黑？朕倒觉得白胡须正好，能向天下显示你老成持重。

不过没几年，孝宗还是禅位了。

和孝宗所预料的一样，光宗虽然性格柔和，对已经是太上皇的孝宗很恭谨，但并不是一个有手腕的皇帝，且不说国家大事，就连自己的皇后都搞不定——光宗的皇后李凤娘是庆远军节度使李道的次女，性格强势，又因为光宗体弱多病，往往不能处理朝政，于是"政事多决于后"。

就这样，李皇后愈加骄奢淫逸，给自家人都安排了官职，外戚干政愈演愈烈。

《宋史》记载：宋李后骄奢凶悍，先是光宗一日浣手，见宫人手白，悦之。他日，李后遣人送食盒于光宗，启盒，为宫人双手。又以黄贵妃被宠，光宗祭太庙，宿斋宫，李后即杀黄贵妃以暴卒闻。至是，李后更骄奢，封其先三代为王，家庙卫兵多于太庙，且推恩亲属二十六人，使臣一百七十二人，甚至李氏门客，亦予补官。

可想而知，光宗这位皇帝也是难有收复进取之心的。

甫一上任,辛弃疾仍然如十年前那般勤勉政事,还接连上疏。光宗也不得不在意起这个老臣。绍熙四年(1193年),54岁的辛弃疾被光宗召见了。

仍是那座便殿,皇帝已换了人。朝堂已不是那个朝堂,辛弃疾还是那个辛弃疾。

一开口,辛弃疾心心念念的还是国防。

光宗病恹恹地半倚在榻上。他比辛弃疾还小7岁,看起来却没有一点精神。辛弃疾慷慨激昂,光宗却昏昏欲睡。许多年前,辛弃疾曾在这里被光宗的父亲召见。现在想来,那位皇帝其实已经是难得的有所作为。可眼前这位——辛弃疾也知道希望渺茫,但还是说了下去:陛下,臣以为,荆湖北路和襄阳地区一直分别为治,军备力量稍显薄弱,不利于上游防守,会给金国造成可乘之机。为了固守江南,我们应当合二者为一路,使其首尾呼应,彼此策援,守望相助。这样不但可以防守,一旦天下有变,还可以形成对金国的夹击之势。

光宗说:辛卿应该也知道如今天下太平,正好休养生息。如果现在我朝调兵,反而会引来金人的猜忌,说不定会惹上更大的祸端,授人以柄。

辛弃疾几乎要被气笑了,但只得继续陈述自己的观点:臣特来献上《论荆襄上游为东南重地》的札子,还望陛下检验。臣以为,天下之事有离合之说,历代更替,概莫能外。而现如今,我朝就处于一个离合冲突的时期,如果不能把握机会,有可能被其他势力打倒。

光宗这才睁开蒙眬的睡眼,他有些好奇:你说其他势力?指什么?

辛弃疾说:陛下可知盛极而衰的道理?金人如今虽然兴盛,但其内部矛盾巨大，恐怕也坚持不过六十年。然而一旦金国消亡了，我们的麻烦才大了。

光宗更加吃惊：辛卿此言甚是古怪。金人若亡，我们不就能趁机收复河山了吗？

辛弃疾摇摇头：陛下，古人有云，鹬蚌相争，渔翁得利。如今宋、金对立，让我们过度关注对方，而意识不到可能乱入的搅局者。臣听说蒙古士兵骁勇善战，虽然现在他们的实力还不成气候，但宋、金两国再这样消耗下去，谁知道他们会不会成为最后得利的渔翁呢？

光宗吃惊极了。一百多年后，还有一个人与他一样吃惊。那就是词人周密。周密在搜寻史书时无意间发现了辛弃疾提到的这个观点，不由得感叹："惜乎斯人之不用于乱世也。诸君有义气如幼安者，百尺楼上岂能不分半席乎。"

因为在1234年，金国覆灭。之后蒙古就开始了对南宋的入侵。

1279年，南宋被吞并。曾经对峙百余年的两个政权，都如辛弃疾预言的那般先后灭亡了。只是辛弃疾的时代，这份远见卓识没有收到过任何回响。百年后终于有人对此击节赞叹，可惜辛弃疾再也听不到了。

辛弃疾继续说：微臣知道这是私忧过切，而今我只愿陛下能居安思危，任贤使能，修车马，备器械，使我大宋有屹然金汤万里之固。如此一来，是天下之幸，社稷之幸啊！

光宗一听这个，又泄了气。辛弃疾说的事情太遥远了，他根本不愿意考虑那些。何况，即使想到了，又能做什么呢？费力不讨好。我死后，哪管身后洪水滔天。

辛弃疾的这次廷对当然没有任何收获。他也依然没有得到重用。

其实是否能够北伐，不仅取决于皇帝的意志，当时南宋战力低迷，内动力不足，而金国的统治相对稳定。即使辛弃疾遇到了一个一心收复故土的皇帝，也未必就能真的成功北伐，开拓新局面。于个人，需要机缘来完满；于国家，需要时代去成全。

将改变或不变只归结于某一些人是容易的，可惜那并不是全部的真相。历史是一个巨大的荒野，世事如白雪纷纷而落，然而在其中行过的人，留下的足迹再深，也只是尽最大努力稍稍改变了雪地的样貌，但他们改变不了雪的下落，也撼动不了整个荒野。唯一能扭转一切的是火光，可在辛弃疾所处的时代，无人去点燃这捆柴。

白发多时故人少

初到福建，辛弃疾最开心的，不是朝廷又想起了他，而是——又能见到朱熹了。

那时朱熹正在建阳闲居，辛弃疾经常去拜访他。几年前朱熹的爽约并没有让二人的友谊中断。朱熹热情地招待着辛弃疾，辛弃疾则报以更大的真诚——他确实是太开心了。他们一起游览武夷山期间，辛弃疾竟然写了有十首诗。这就是后世流传的《游武夷，作棹歌呈晦翁十首》：

一水奔流叠嶂开，溪头千步响如雷。

扁舟费尽篙师力,咫尺平澜上不来。

山上风吹笙鹤声,山前人望翠云屏。
蓬莱柱觅瑶池路,不道人间有幔亭。

玉女峰前一棹歌,烟鬟雾髻动清波。
游人去后枫林夜,月满空山可奈何。

见说仙人此避秦,爱随流水一溪云。
花开花落无寻处,仿佛吹箫月夜闻。

千丈搀天翠壁高,定谁狡狯插遗樵。
神仙万里乘风去,更度槎丫个样桥。

山头有路接无尘,欲觅王孙试问津。
瞥向苍崖高处见,三三两两看游人。

巨石亭亭缺啮多,悬知千古也消磨。
人间正觅擎天柱,无奈风吹雨打何。

自有山来几许年,千奇万怪只依然。
试从精舍先生问,定在包牺八卦前。

山中有客帝王师，日日吟诗坐钓矶。
费尽烟霞供不足，几时西伯载将归？

行尽桑麻九曲天，更寻佳处可留连。
如今归棹如掤箭，不似来时上水船。

"山中有客帝王师"是一个很高的评价，从这些近乎"刷屏"的文字中，分明可以看见他初来福建的兴奋，对未来发展的希望，对朋友的真诚赞赏。两人游览的情形也清晰在目。

他们聊政治，聊学术。朱熹一直非常欣赏辛弃疾，曾经这样对人说：像他这样有才能的人物，如今能有几个？

当然，朱熹还是忘不了自己的理学——他一直为了辛弃疾没能治学而叹息遗憾。不过在治理上，他经常给辛弃疾提供建议。

和之前频繁调转时遇到的情况类似，辛弃疾来到福建时，面对的也是一个烂摊子：一边是当地土豪兼并土地，侵扰百姓；一边是海盗猖獗，民不聊生。

这段时间，辛弃疾经常和朱熹探讨解决这些问题的方法。

辛弃疾说：福建当地豪强兼并土地严重，之前朝廷却从不干涉，甚至还给他们免税，然而这些土地原本的主人还得承担赋税徭役，一边有产而无税，另一边却产去而税存，百姓有苦难言啊！

朱熹说：闽地一向如此。几年前我做漳州知州时也曾经上疏反映过这个问题，想在福建的漳、泉、汀等诸州内推行"经界"之法，可惜，当地豪强强烈反对，最后竟不了了之。

辛弃疾叹道：的确如此。我准备清查地亩所有权，均平赋役负担，不过具体细节还需从长计议。先节省浮费，积储钱谷，这样百姓可能就不会被盘剥得那样严重。

朱熹说：为今之计，必须临民以宽，待士以礼，御吏以严，这样才能让你没有后顾之忧。

辛弃疾说：元晦兄所言极是！不过，还有一事我心忧许久了。

朱熹说：可是那闽地的海盗？

辛弃疾说：正是！这里海盗猖獗，本地的军队对抗起来非常吃力。

朱熹说：那你可想到良策了？

辛弃疾：元晦兄还记得我当年在湖南建立的飞虎军吗？我想在闽地也打造一支类似的军队，造万副铠甲，招募万名强兵，这样才能抵御海盗。

朱熹笑了：幼安老弟，你果然还是念念不忘你的国防军事啊！如若你能将这份心思用到治学上，不知会有怎样的成就呢！

辛弃疾说：元晦兄，你我志向不同，但也都是尽人事、听天命，但求无愧于心罢了。

朱熹默然。他知道自己与辛弃疾在诸多问题上的分歧，但他们对于自己的信念有相似的执着，这就够了。

然而这一次，辛弃疾甚至还没来得及完全实践他与朱熹说过的那些策略，就又被弹劾了。

他的罪状是"残酷贪饕，奸赃狼藉。"皇帝没有听他的任何自辩，就把他贬去主管建宁府武夷山冲佑观。这个空有名头的官职没有任何权力，辛弃疾只好再次回到他的带湖居所。

然而，不在朝堂，朝堂的风依然会吹到他身边。

1194年夏，宋孝宗病重。

朝廷上下都在嘀咕，孝宗与光宗父子不合——在李皇后的怂恿下，光宗一直不去探病。没多久，孝宗去世，光宗竟然连成服居丧都不肯。满朝文武议论纷纷，官僚几欲解散，人心日益浮动。人们各怀心事，甚至密谋令立新君。

果然后来他们成功了——皇子赵扩成为新皇帝，光宗则不得已退位成为太上皇。赵扩的妻子韩氏叔父韩侂胄和权臣赵汝愚在另立新君的过程中起了关键作用，因此在新皇登基后他们都得到了重赏。

然而，权力交接总是凶险的。目标一致时可以做战友，目标达成，重新洗牌的时候，战友又会成为敌人。有"定策之功"的韩侂胄开始党同伐异，排除"异己"，其中最关键的一环就是除掉赵汝愚。

朱熹就是在这个时候，被赵汝愚引入这个危险朝堂的。

一边，韩侂胄在利用手中的权力控制朝野。另一边，朱熹和赵汝愚也没有坐以待毙：他们细数了韩侂胄的罪状，说他"擅权害政"，应遭到弹劾。

然而韩侂胄反击的方式显得更四两拨千斤一些：他让两位言官上了几封令人啼笑皆非的奏疏：赵汝愚被指为"以同姓而居相位，将不利于社稷"，又被说成"倡引伪徒，图为不轨"。新皇那时几乎被韩侂胄完全掌控，也只得罢免了赵汝愚，将他放逐到永州（在今湖南零陵县）。

赵汝愚和辛弃疾都出生于 1140 年。对于这个国家来说，那一年是重要的转折之年。对于赵汝愚自己来说，1195 年才是最大的转折之年。

1195 年年末，在权力斗争中失败的赵汝愚登上小舟，永远离开了临安。从丞相到布衣，从万人之上到被放逐，几乎是一眨眼的事情。为官多年，朝堂的风雨，他早已见识；权力的倾轧，他早有准备。事到如今，愿赌服输。

正要登船，有人在岸上喊住了他。赵汝愚回头一看，那竟然是一位自己救过的太学生。向来树倒猢狲散，此时能来送别的人，该是多么有勇有义。

太学生将一些盘缠送到赵汝愚手中说：先生，太学生们伏阙上书，恳求圣上留下您，但都遭到了贬斥。

赵汝愚叹道：韩侂胄遍植党羽，垄断言路，排斥贤良，天子更无所倚信。我赵汝愚有此下场，并不稀奇。

他转过身来望着江水。逝者如斯夫。它送别过多少永不回来的旅人？可再转过脸来时，他却神色坦然：看侂胄用意，必欲杀我。我死，君等方可无事。

太学生震惊地抬头看他。然而赵汝愚已经转身，踏上小船，长篙一划，船荡荡悠悠地离开，渐渐消失在一片冬日的雾气中。

赵汝愚虽然也是皇家宗室，可到他这一代家境已经中落，几乎可以算出身贫寒。父亲去世后，家境更贫困，他也愈加发奋读书。26 岁那年，他成了当朝状元，终于一步步走上朝堂，位极人臣。

在他的自我期许中，应该会成为司马光、范仲淹那样的名臣。然而人生的旋起旋落,仿佛有什么奥妙的机关,好像可以寻找和操控,但其实大多数时候,谁都是懵懂地试探,尽力地争取,最后的结果却半点不由人。

很多年前,少年赵汝愚说出了这样的话:"大丈夫留得汗青一幅纸,始不负此生。"

1196年正月,赵汝愚行至衡州时得病,服药而卒。

赵汝愚死后,韩侂胄开始清洗他的学生和同道。朱熹自然也在其中。

其实韩赵两人的矛盾,不仅体现在对朝堂的控制上,还在战略形态上:韩侂胄想北伐,而在他看来,赵汝愚和朱熹的理学是北伐的最大绊脚石。理学提倡"修身养性",做内省,最后只能带来一派消沉萎靡。这种看起来能镇静心思的道学,在事实上却使人"丧气",消磨人的斗志,"以匹夫而窃人主之柄,鼓动天下"。韩侂胄将理学贬为"伪学"。

1197年的寒冬,韩侂胄公布了一份"伪学逆党"的名单,将研究理学的人视为政治罪犯,这便是"庆元党禁"。朱熹自然是名单之上最重要的人物。

此时,远离朝堂,与权力之争毫无关联的辛弃疾,却因为自己与朱熹和赵汝愚的私人友谊而被记恨,因而也受到牵连。他先被罢官,然后又被夺去职名,最后甚至连虚名都被夺走了。

朝堂的大风一旦吹起来,即使是千里之外的浮萍,也会被吹荡甚至淹没。

辛弃疾此时已经将此事看得很淡。毕竟——他已经在带湖度过了十年,人生再退,又能如何呢?

然而三年后，1200 年 3 月，朱熹去世了。

此时，辛弃疾已经被两次罢官三年了。他隐居铅山，每日只是诵读经典，寄情山水。偶尔与朱熹等朋友通信往来。

这种生活毕竟是孤独的，从前的朋友死的死，离开的离开，越到老年能说知心话的人就越少了。他曾写过一首《贺新郎》表达这种心境：

甚矣吾衰矣。怅平生、交游零落，只今余几！白发空垂三千丈，一笑人间万事。问何物、能令公喜？我见青山多妩媚，料青山见我应如是。情与貌，略相似。

一尊搔首东窗里。想渊明、《停云》诗就，此时风味。江左沉酣求名者，岂识浊醪妙理。回首叫、云飞风起。不恨古人吾不见，恨古人不见吾狂耳。知我者，二三子。

"怅平生、交游零落，只今余几！知我者，二三子。"然而这仅剩的"二三子"，也渐渐离世了。

这一天辛弃疾正在家中读《庄子》，忽然仆人来送信。辛弃疾拆开来看，这才得知了朱熹的死讯。

虽然早知他近来身体不适，谁知道……竟会那样快呢？

辛弃疾看着案头的书，其中有很多都是朱熹送来的，上面还有朱熹的标注。两人性格迥异，志向也并不完全相同，可始终以赤诚之心相交。然而此刻，辛弃疾心中纵有万语千言，竟说不出一个字来。

辛弃疾起身走到门边。外面下雨了。烟雨朦胧之中，他恍惚看见一个轻衫短帽的人正向这里走来……那身影竟像极了朱熹!

回过神来,辛弃疾已是泪流满面。

《感皇恩·读〈庄子〉闻朱晦庵即世》

案上数编书,非庄即老。曾说忘言始知道。万言千句,自不能忘堪笑。朝来梅雨霁,青青好。

一壑一丘,轻衫短帽。白发多时故人少。子云何在,应有玄经遗草。江河流日夜,何时了。

"白发多时故人少"。这些年来,韩元吉去世了,陈亮去世了,范如山去世了……故人长别,父老长安今余几?

巨人倒下后仍是巨人。这位"帝王师""南宋精神领袖"的死亡激起了轩然大波,立即有谏官如此上奏:朱熹一死,四方伪徒们都聚起来欲送伪师朱熹之葬。这些人如果凑在一起,一定会妄谈世人之短长,谬议时政之得失,必须禁止他们去送葬。

果然,禁令下来,人人畏惧。甚至有一些原本赶去武夷山的人,都不得已偷偷回去了。然而到了下葬那天,现场仍然来了近千人。他们违抗禁令,跋涉千里,不顾危险前来送葬,辛弃疾也在这些人当中。

重回武夷山,几年前与朱熹一起在这里同游的景象依然历历在目。同样的山水,然而同伴已逝。辛弃疾老泪纵横,献上祭文,传到如今的,只剩短短两句话:

"所不朽者,垂万世名。
孰谓公死,凛凛犹生。"

满座衣冠似雪

1202 年,"庆元党禁"的政策已经执行了五年。说是禁学,实际上就是排除异己,然而——即使有再多的异己,这么多年也被贬斥得差不多了。朝廷人人自危,高压政策之下,就连韩侂胄自己都开始松动,旁人也劝慰道:"不弛党禁,恐后不免报复之祸。"韩侂胄思来想去,决心解除禁令,给一些曾遭受过打击的人恢复官职。这其中,就有辛弃疾。

第二年的夏天,64 岁的辛弃疾起知绍兴府兼浙东安抚使。

晚年再次被起用,辛酸之中亦有快慰。临行前,辛弃疾再次去拜访了陆游。

那时陆游住在绍兴府的鉴湖,他和辛弃疾偶有往来。因为怀着同样爱国的信念,他们成了至交好友。

好友奉召回朝,陆游就像自己得到重用一般高兴,写了一首《送辛幼安殿撰造朝》:

稼轩落笔凌鲍谢,退避声名称学稼。
十年高卧不出门,参透南宗牧牛话。

功名固是券内事，且葺园庐了婚嫁。
千篇昌谷诗满囊，万卷邺侯书插架。
忽然起冠东诸侯，黄旗皂纛从天下。
圣朝仄席意未快，尺一东来烦促驾。
大材小用古所叹，管仲萧何实流亚。
天山挂旆或少须，先挽银河洗嵩华。
中原麟凤争自奋，残虏犬羊何足吓。
但令小试出绪余，青史英豪可雄跨。
古来立事戒轻发，往往诌夫出乘罅。
深仇积愤在逆胡，不用追思灞亭夜。

这个当时已经80岁的老人对辛弃疾的赞赏，对未来的期待，溢于言表。辛弃疾也没有让他失望。虽然年迈，但他为政仍然亲力亲为，不曾懈怠。

当时的浙东地方也和之前他就任过的地方一样，百姓被高昂的赋税和盘剥所压榨。辛弃疾很快给朝廷上奏，论述了"州县害农之甚者六事"，希望得到朝廷的重视，然而很快也没了下文。官场虽然仍然失意，这时候，辛弃疾却看到了一点新的希望——朝廷决定北伐了！

自从上次孝宗北伐至今，已经过去了四十年，四十年中金国的形势也发生了巨大的变化：此时，蒙古族已然兴起，经常与金国交战，后者屡次失利，而对内，金国各阶层的矛盾却越来越大，与之相对的，南宋在这些年中一直平稳发展，积累了不少力量。

另一方面，金国占领区的人民也对金的统治忍无可忍了，各地再次掀起自发的起义，而金国也连连失手。

重回帅任的辛弃疾，当然也没放过这个机会，一直通过各种办法探查金国的实力，他询问出使金国的使臣，还派出一些人深入中原侦查，这些人就将当地的地理情况、兵营分布等情况记录下来，回馈给辛弃疾。

他知道，时候到了。

1204 年，宁宗召见辛弃疾。

他知道这时候被召见是为了什么。这也是他最后的机会。

《贺新郎》
将军百战身名裂。向河梁、回头万里，故人长绝。易水萧萧西风冷，满座衣冠似雪。正壮士、悲歌未彻。啼鸟还知如许恨，料不啼清泪长啼血。谁共我，醉明月？

仍是那座殿，皇帝又换了人。韩侂胄和一些主战派大臣也在。

看到韩侂胄，辛弃疾感情复杂，毕竟——近年来自己和去世的朱熹所遭受的一切，都可以说是拜这个人所赐。

可是这个人，却与辛弃疾有同样的信念。

这是辛弃疾离北伐最近的时刻了。辛弃疾必须抓住机会。

辛弃疾首先将自己探查到的情况向宁宗做了汇报，韩侂胄大喜过望，马上接过话头，鼓动皇帝即刻北伐。

可此时辛弃疾却忽然话锋一转，认为北伐虽然必要，但还需要做好万全的准备,然后才能动兵。

辛弃疾说的准备,一方面在军事,一方面在人心。几十年前最该北伐的时候南宋错过了机会,如今要做就必须做到万无一失。而韩侂胄重新起用的那些主战派人物大多年轻而急功近利,他们想要北伐并非为了收复河山,主要是为自己建功立业做打算。可如果心意不诚,北伐怎会成功?

就是这根本算不得批评的批评,也遭到了韩侂胄的嫉恨。这次拜见之后,虽然辛弃疾表面上被升为宝谟阁待制,但同时又被免除了浙东安抚使的职务。直到两个月后,他才被任命为镇江知府。

镇江是军事重地,固守长江天险,也是北伐的起点。

刚刚赴任,辛弃疾就骑着马,带着属下们来到了长江边。

这一年,辛弃疾已经65岁了。烈士暮年,壮心不已。

他登上长江边的北固亭,俯身望着江水,想起了在建康的那段青春岁月。那时他苦于理想破灭,即使是奔流的江水也无法让他释怀。如今,仍是这条江,辛弃疾已是鹤发苍颜,站在风中。正午的阳光照着河流,将每一滴水都映得光辉灿烂。

辛弃疾向北方远眺。一直没能再回去的北方。他一生所期望的事业,终于要开始了吗?

四十年过去,他依然是这滔滔江水中的一滴,身不由己地漂流着。千古兴亡多少事,江山代代无穷已,只有这长江,如命运一般深邃而变幻,成为文明起落最冷静也无情的见证者。

可即使如此,那些在潮流中出现过的水滴,也不是没有意义。他们搏击、奋起,就算仍然被浪涛带走,却也反射过光辉,无愧此生。

《南乡子·登京口北固亭有怀》

何处望神州？满眼风光北固楼。千古兴亡多少事，悠悠。不尽长江滚滚流。

年少万兜鍪，坐断东南战未休。天下英雄谁敌手，曹刘。生子当如孙仲谋。

开禧二年（1206年），北伐开始。

天下英雄谁敌手？辛弃疾抽出长剑。他已风烛残年，然而还要最后燃烧一次。

最 后 一 击

北伐一开始，宋军取得了接连胜利。北伐当年4月，武义大夫毕再遇出其不意提前攻入泗州，打得金兵措手不及。毕再遇树起大将旗，喊话说："我大宋毕将军也，中原遗民可速降。"于是城中汉官出降。宋军乘胜追击，接连攻下虹县、新息县、褒信县。这真可谓旗开得胜。

辛弃疾赴任镇江后，也开始了北伐准备。他招募壮丁重新训练，又将南宋原本那些不堪重用的士兵放置在长江沿岸，仅做威慑之用。他将淮之东西分为二屯，每屯二万士兵，严加训练，欲令金人望风而逃。然而没过多久，已经67岁的辛弃疾遭到一些唯恐被抢了功劳的人嫉恨，担了些莫名其妙的罪名，又被免官了。他为北伐做的那些准备，还来不及全部实行，就又一次半途而废。

离开镇江的那天，他再一次来到北固亭。

也许是预感到了什么，他刚到镇江时，就写过一首悲凉的词《永遇乐·京口北固亭怀古》：

千古江山，英雄无觅，孙仲谋处。舞榭歌台，风流总被，雨打风吹去。斜阳草树，寻常巷陌，人道寄奴曾住。想当年，金戈铁马，气吞万里如虎。

元嘉草草，封狼居胥，赢得仓皇北顾。四十三年，望中犹记，烽火扬州路。可堪回首，佛狸祠下，一片神鸦社鼓。凭谁问，廉颇老矣，尚能饭否？

果不其然，由于准备仓促，北伐队伍中出了内奸。甚至，早在他们开始北伐之前，已经有人在为自己打算——将军吴曦与金人密约，献出关外阶、成、和、凤四州，好让金人册封他为蜀王。在北伐最关键的时刻，吴曦按兵不动，最终使得宋军失去了好不容易积累的优势，陷入溃败。

之后，暗中献降的将领竟越来越多，接连的溃败让南宋自乱阵脚。韩侂胄几乎无力招架，甚至自己出家财二十万，补助军需。

其实此时的金国也在战争中元气大伤，只不过是虚张声势罢了。金国深深了解这个没有长性的老对手，竟然送信给南宋，说若南宋肯称臣，以江淮之间取中划界。若肯称子，以长江为界。还要将韩侂胄函首以献，增加岁币，出犒师银，方可议和。

韩侂胄见此信大怒,决心再战。可这时朝中无人,仅剩的年轻将领也不堪大用,他才又想起已经退居铅山的辛弃疾。

——开禧三年(1207 年)的 8 月,辛弃疾病了。

许是又一次理想破灭后的打击,许是经年累月的病痛,许是罢官带来的心理冲击,这次他病得比以往任何一次都严重。

山中已是秋天。天高云淡,萧萧木落。辛弃疾展开册子,上面是他之前写的一首词:

《贺新郎·用前韵再赋》

肘后俄生柳。叹人生、不如意事,十常八九。右手淋浪才有用,闲却持螯左手。谩赢得、伤今感旧。投阁先生惟寂寞,笑是非、不了身前后。持此语,问乌有。

青山幸自重重秀。问新来、萧萧木落,颇堪秋否。总被西风都瘦损,依旧千岩万岫。把万事、无言搔首。翁比渠侬人谁好,是我常、与我周旋久。宁作我,一杯酒。

"是我常、与我周旋久。"他摩挲着自己的字迹,忽然笑了起来。引得妻儿担心地过来探问,他却只是摇头。

这一生,原来都是在与自我周旋。

得到了什么,又失去了什么?可事到如今——宁作我!

秋天渐深,八月要过去的时候,南宋朝廷的使者拿着授命策,正向着辛弃疾的家策马而来。

辛公！

使者看着这病榻上的老人，他面容凹陷，身形憔悴。这样还能去赴任吗？使者几乎不忍说下去。然而圣旨已然送到。使者只好继续：如今北伐到了紧要关头，朝廷正需要您这样的老臣回去主持大局！

北伐，北伐。

听到这个词。辛弃疾几乎是本能地就要答应，他想起自己刚刚在镇江布置起来的防线，想起曾经上奏过的《美芹十论》，想起了四十多年前，他生擒张安国的那个黎明……千头万绪，涌上心头，可能因为过于兴奋，竟引来一阵咳嗽，因而支撑不住，倒在床边，老妻范青岚见此场景，替夫君做了最后一个决定，她对使者说：请使君回禀陛下，说辛幼安已病重，实在无力回朝，请朝廷准许他好生休养吧！

辛弃疾还要说什么，却只是咳嗽，一个字也说不出来。

使者抱憾离去，辛弃疾平静了好一会儿才恢复，他叫儿子拿过墙上挂着的佩剑——那是耿京送给他的，也是陈亮舞过的。如今这些故人都已经不在了。

秋风宝剑孤臣泪。

似乎是不甘心一般，辛弃疾在家人的搀扶下跌跌撞撞地挪到门边，望着使者离去的方向。他想要的机会终于来了。只要他的病再轻一些，不，只要他再年轻 5 岁，甚至 2 岁，他就可以回到朝堂，重整河山，力挽狂澜，甚至能收复中原，再一次踏上家乡的土地，让这个分裂了几十年的国家，重新合并到一起。

落日旌旗大将坛。

十几天后，辛弃疾依旧躺在病榻之上。他的身边是自己的家人。已是深秋，从下午开始，天空就变得阴沉。

窗外云色明灭，大雨忽然倾盆，是和从前与茶商军战斗时一样大的雨，辛弃疾心想。那些流寇们都得到安置了吗？飞虎军的兄弟们如何了？滁州的百姓们还在被金人蹂躏吗？耿京大哥的军队战斗得怎么样了？祖父所指画的山河，背后是什么样子？他强撑着坐起身，只听得耳边角声四起，箭矢飞动簌簌而过，他看见身前身后狼烟滚滚，十万男儿金盔银甲，跃马扬鞭，气吞万里如虎，他也身在其中，那时他23岁，跋涉千里而来，烟尘卷起披风，猎猎作响。

68岁的辛弃疾喊道：杀贼！杀贼！

声音慢慢消失，气息渐渐停止。只有雨声轰隆。这是开禧三年九月初十（1207年10月3日）的傍晚，辛弃疾于家中去世。

辛弃疾去世五十七天后，想再战的韩侂胄与投降派的矛盾越来越大。开禧三年十一月初三（1207年11月24日），在史弥远等人的指使下，韩侂胄在上朝时被突然袭击，并被劫至玉津园夹墙内害死。暗杀成功之后，他们才将此事报告宁宗。后者无可奈何，只得同意了金国的全部条件，将韩侂胄的首级献了过去。南宋再一次投降。

曾在与赵汝愚的政治斗争中取胜的韩侂胄，却落得了一个比赵汝愚更悲惨的下场。他死后，南宋将他斥为"奸臣"。他的对手金国人反而欣赏他敬佩他。他们如此评价这个孤勇偏执的权臣："韩侂胄函首才至虏界，虏之台谏文章言侂胄忠于其国，缪于其身，封为忠缪侯。"

忠于其国，缪于其身。知我罪我，其惟春秋。

辛弃疾去世二十七年后。金国被蒙宋联军攻陷，金哀宗自缢，金国宣告覆灭。

辛弃疾去世六十九年后。元军攻占南宋都城临安，俘虏了5岁的宋恭宗。南宋灭亡。

辛弃疾的一生，就是一个人如何对抗整个时局而失败的故事。
然而他终身未改其志，其实已经是一种苦涩的胜利。

——End——

参考文献

[1] [金] 元好问. 中州集 [M]. 北京：中华书局，1962.

[2] 刘一清. 钱塘遗事 [M]. 上海古籍出版社，1985.

[3] 罗大经. 鹤林玉露卷十二至十六补遗一卷 [M]. 中华书局，1983.

[4] 孟元老. 东京梦华录注 [M]. 中华书局，1982.

[5] [元] 谢枋得. 叠山先生文集 [M]. 文渊阁四库全书本.

[6] [元] 王恽. 玉堂嘉话 [M]. 北京：中华书局，2006.

[7] 巩本栋. 中国思想家评传丛书 辛弃疾评传 [M]. 南京大学出版社，1998.

[8] [明] 蒋一葵. 尧山堂外纪 [M]. 济南：齐鲁书社，1995.

[9] 佚名. 邓广铭全集，第三卷，涑水记闻（点校本）辛稼轩诗文笺注 [M]. 河北教育出版社，2005.

[10] 邓广铭. 辛弃疾年谱 [M]. 上海：古籍出版社，1979.

[11] 王庆生. 党怀英生平仕历考述 [J]. 文教资料，1999，（1）.

[12] 邓广铭. 邓广铭全集，第四卷 [M]. 河北教育出版社，2005.

[13] 安作璋，王志民. 齐鲁文化通史 [M]. 北京：中华书局，2004.

[14] 邓广铭. 邓广铭全集，第五卷 [M]. 河北教育出版社，2005.

[15] 马积高. 论党怀英与辛弃疾［J］. 求索，1993，（1）.

[16] 程继红. 辛弃疾师承述考［J］. 南昌大学学报（人社版），2002，（4）.

[17] 程继红. 带湖与瓢泉：辛弃疾在信州日常生活研究［M］. 齐鲁书社，2006.

[18] 马晋宜，杜成辉. 党怀英诗文书法地位略论［J］. 山西大同大学学报（自然科学版），2003，19（4）：75-77.

[19] 吴钩. 宋：现代的拂晓时辰［M］. 广西师范大学出版社，2015.

[20] 刘婷婷. 南宋社会变迁、士人心态与文学走向研究［M］. 中国社会科学出版社，2015.

[21] 朱德才. 增订注释全宋词［M］. 文化艺术出版社，1997.

[22] 陈亮，邓广铭点校. 陈亮集［M］. 中华书局，1987.

[23] 沈，松勤. 唐宋词社会文化学研究［M］. 浙江大学出版社，2004.

[24] 李心传撰，徐规点校. 建炎以来朝野杂记［M］. 中华书局，2000.

[25] 刘琳等校. 宋会要辑稿［M］. 上海古籍出版社，2014.

[26] 郑维雄. 铅山县志［M］. 南海出版公司，1990.

[27] 宇文懋昭. 大金国志校证［M］. 中华书局，1986.

[28] 周孚. 蠹斋铅刀编［M］. 台湾商务印书馆，1969.

附录：辛弃疾生平与历史大事记

注：在邓广铭先生研究成果基础上增编。

宋绍兴十年、金天眷三年五月十一日（1140年5月18日）卯时，稼轩生于山东历城之四风闸。

1. 绍兴十年（1140年）5月，金人败盟南下，淮东宣抚处置使韩世忠率军迎击金主力右翼。

2. 绍兴十年（1140年）7月中旬以前，岳飞在郾城、临颍和颍昌府战役中连胜金军。然而，是时张俊、王德早已在秦桧的"密令"授意下从宿、亳地区班师回庐州，岳家军处于孤军深入的险境。壬戌，岳飞收到"措置班师"的诏令，遂忍痛自郾城班师。恐金兵掩及，于是扬言将进兵深入。后金军远去，始传令回军。北伐所收复的颍昌（今河南许昌）、淮宁（今河南淮阳）、蔡阳（今河南汝南）、郑州（今河南郑州）诸地又为金所占。

宋绍兴十七年、金皇统七年（1147年）稼轩8岁。

稼轩之从学刘嵒老（瞻）当在此年前后。

1. 绍兴十七年，金人连年攻讨蒙兀，终不能克，遂于皇统六年（1146年）八月遣萧博硕诺与蒙兀国议和，但蒙人不允。次年三月，经数次交涉，双方始和。金岁遗蒙牛、羊、米、豆、绵绢之类甚为丰厚。于是，蒙兀鄂伦贝勒合不勒乃自称祖元皇帝，改元天兴。

2. 宋光宗赵惇，南宋第三位皇帝出生。

3. 牛皋（1087—1147）南宋抗金将领。字伯远，汝州鲁山人（属河南鲁山县熊背乡石碑沟村人）。南宋初年聚集人民抗金。后隶归岳飞，为其推重，对金作战中屡立战功。曾参加镇压杨幺。岳飞被害后，因其始终反对宋金议和，被秦桧害死。

宋绍兴十九年、金皇统九年（1149年）稼轩10岁。

（"稼轩师于蔡伯坚之说，首见《宋史》本传，辛启泰著其事于10岁，未知有无依据。"据邓广铭先生考证，稼轩无从蔡氏受学之事，考证详见邓广铭著《辛弃疾传、辛稼轩年谱》。）

本年十二月上旬，金平章政事完颜亮与驸马唐括辩等同谋杀害金熙宗，完颜亮即皇帝位，并改皇统九年为天德元年。

1. 皇统九年（1149年）三月辛丑，金以左丞相完颜亮为太保，领三省事。亮系金太祖庶长子宗干第二子，本名迪古乃。皇统八年（1148年）六月，为平章政事。十一月，为尚书左丞相兼侍中。十二月，为尚书右丞相。九年（1149年）正月，复为尚书左丞相。亮一贯结党营私，内蓄窥伺皇位之谋。至是，更是利用职权，引用世家望族子弟，树己威望，以便篡位。

2. 1148年11月，完颜宗弼（兀术）死后，金廷内争纷然。金熙宗无法控制政局，遂迁怒于大臣。皇统九年（1149年）八月，熙宗杀左司郎中三合，杖平章政事秉德。又疑其弟胙王元与河南起义军有关。十月，杀弟元、弟查刺和左卫将军特思。十一月，因不满裴满后干政，杀裴满后及妃嫔多人。戊子，又杀完颜奭子阿懒和挞懒。朝中贵族大臣因之人人自危。

3. 十二月，金海陵王完颜亮弑金熙宗，改皇统九年为天德元年，杀曹国王完颜宗敏、左丞相完颜宗贤。

宋绍兴二十三年、金贞元元年（1153年）稼轩14岁。

稼轩领乡举当在本年。（辛启泰《谱》本年记事云："先生年十四领乡荐。按先生进《美芹十论》札子云'两随计吏抵燕山，谛观形势'，盖由此也。"邓按：辛《谱》所云亦未知何据。《济南府志》及《历城县志》中均不载此事。既无可参稽，姑仍旧文著其事于本年。）

1. 金贞元元年三月二十六日（1153年4月21日）金迁都，改元"贞元"，改燕京为中都大兴府，汴京为南京，将上京改称会宁府，又改中京大定府为北京。东京辽阳府，西京大同府依旧。并分着汉地为十四路，设总管府。完颜亮迁都中都后，恢复了殿试，"惟以词赋、法律取士；去酷刑、订车盖式样"。还把中原和华北的军事、行政和财政等大权收归自己掌握。这次迁都标志着金朝完成了它走向中央集权的进程。

2. 宋建炎四年（1130年），韩世忠和梁红玉奉命镇守京口，与金兵大战于黄天荡，梁红玉"亲执桴鼓"，指挥作战，率八千精兵，将金兀术十万军队围困在黄天荡。韩世忠辞官后,和梁红玉归隐西湖。1151年,韩世忠病逝,1153年梁红玉也抑郁而终。夫妇两合葬在苏堤的灵岩山下。

宋绍兴二十四年、金贞元二年(1154年)稼轩15岁。

本年,稼轩当有燕山之行。

绍兴二十四年(1154年)七月,宋太师,靖江、宁武、靖海军节度使,醴泉观使,清河郡王张俊卒于行在(今杭州),年六十九。张俊字伯英,宋成纪(今甘肃天水)人。建炎元年(1127年),为御营司统制官。三年除夕,守明州城(今浙江宁波),获高桥之捷;旋以完颜宗弼(兀术)率援兵反扑,弃城而逃。绍兴初,任江淮招讨使,镇压各地义军,讨伐叛将李成。五年(1135年),宣抚淮西,挫败伪齐刘猊的攻扰。十年(1140年),其部将王德北上,克亳州(今安徽亳县),他引军还驻寿春(今安徽寿县)。次年,力赞和议,首请纳兵权,拜枢密使。因迎合高宗、秦桧旨意,排挤刘锜、参与谋害岳飞,备受宠遇,封清河郡王、拜太师。死后,高宗令厚葬。

宋绍兴二十七年、金正隆二年(1157年)稼轩18岁。

本年,稼轩当又有燕山之行。

1157年,海陵王毁上京。

在迁都燕京后,海陵王为了不留有金熙宗旧的痕迹,完全解除女真皇族的组合力与反抗力,来保住自己的皇位,于正隆二年(1157年)下令毁上京。据记载"命吏部郎中萧彦良尽毁宫殿、宗庙、诸大族府第及储庆寺，夷其址、耕垦之"。同时，于正隆二年（1157年）八月，海陵王下令撤销上京留守衙门，罢上京称号，只称会宁府，并下令把驻扎上京属于太宗、宗干、宗翰管辖的军队合并，使其缩小实力，并且迁往中都。

宋绍兴二十八年、金正隆三年（1158年）稼轩19岁。

稼轩祖父辛赞之知开封府，当为由绍兴二十五年至本年内事。

1. 绍兴二十八年（1158年）6月，刘臣兴率众在闽、粤海上起义。宋知福州沈调、知广州苏简遣都巡检张佐、统领郑庆等率兵镇压。刘臣兴兵败被杀，起义失败。

2. 正隆三年（1158年），金山东沂州临沂人赵开山领导当地农民起义抗金。为表其决心，他把姓名倒置，自称开山赵。起义爆发后，队伍很快达到一万多人，先后攻占了密州（今山东诸城）、日照等地。后来，起义军发展到三十多万人，在淄、齐等州向金军发起猛攻。正隆六年（1161年）十一月，义军与宋李宝所部会合，沉重地打击了南侵的金军。

宋绍兴三十年、金正隆五年（1160年）稼轩21岁。

稼轩祖父辛赞之卒，至晚在本年。

绍兴三十年（1160年）二月，宋廷遣同知枢密院事叶义问充大金报谢使，名为谢金吊祭，实则赴金探问虚实。五月，叶义问自金南归，密奏高宗说，金以严刑杀戮立威，又兴修汴京宫室（1158年），劳民甚怨，起义不断，现江淮已有宋军屯守，海道应加防备。七月，义问进知枢密院，又奏应变、持久二说。应变说云，为防金兵南侵，应令分屯各将择地险要,广施预备;持久说则云,如金按兵不动,应选武臣为江淮之守,拨公私荒田为屯田,募民耕种,且令之闲时练武而不生事端。金兵来则坚壁清野,避而不战;金兵去则入壁不追,使之终无所得而自困。

宋绍兴三十一年、金世宗(雍)大定元年(1161年)稼轩22岁。

金主亮大举南犯,稼轩聚众二千,与耿京共图恢复。

十月,金蔡州新息县令范邦彦以其县归宋。(邓按:稼轩与范氏先后南归,忠义相知,后遂婿与范氏。其后邦彦之子如山与稼轩深相投契,至如山之子炎又为稼轩之婿。三世姻缘,均系于范氏南归一事,故特著其事于此。)

1. 金海陵王完颜亮被杀。
2. 张元干去世。张元干(1091—1161年),字仲宗,号芦川居士、真隐山人,晚年自称芦川老隐。芦川永福人(今福建永泰嵩口镇月洲村人)。历任太学上舍生、陈留县丞。金兵围汴,秦桧当国时,入李纲麾下,坚决抗金,力谏死守。元干曾赋《贺新郎》词赠李纲,后秦桧闻此事,以他事追赴大理寺除名削籍。元干尔后漫游江浙等地,客死他乡,卒年约七十,归葬闽之螺山。张元干与张孝祥一起号称南宋初期"词坛双璧"。
3. 绍兴三十一年(1161年)、金正隆六年四月,宋以同知枢密院事周麟之为金奉表起居称贺使,名为贺金迁都,实欲探问金是否真的要迁都于汴,屯兵于宿(今安徽宿县)、亳(今安徽亳县),以便及早采取对策。绍兴三十一年(1161年),宋以少保、领御前诸军都统制职事、判兴州吴璘为四川宣抚使。命成闵以所部三万人驻守武昌,并发江西、湖南、湖北等地折帛、茶引、米料赴湖广总领所备军用。又命浙东五郡禁军、弓弩手和各有关将领,并听候号令。六月,任命太尉、镇江府都统制刘锜为淮南、江西、浙西制置使,节制诸路军马,统筹抗金事宜。八月,李宝以舟师三千发江阴,刘锜率兵驻扎扬州,成闵充湖北、京西制置使,节制两路军马。

宋绍兴三十二年、金大定二年(1162年)稼轩23岁。

正月,稼轩奉耿京命,奉表南归。十八日至建康。召见,授右承务郎。

闰二月,耿京为张安国等所杀,稼轩缚张安国献俘行在,改差江阴签判。

五月,皇太子昚受禅即皇帝位,是为孝宗。

稼轩以分兵攻金人之策干张浚,不被采纳,其事当在本年抵建康不久之时。

稼轩之定居京口及其与范邦彦(子美)之女、范如山(南伯)之女弟之结婚,当均为本年内事。

本年十二月二十二日立春,稼轩为赋《汉宫春》词。

1162年,成吉思汗出生。

宋孝宗隆兴元年(1163年)金大定三年稼轩24岁。在江阴签判任。

本年夏,孝宗听从张浚之建议,以李显忠、邵宏渊二将率师渡淮,对屯戍宿州一带之金军主动出击。初战稍有克捷。既而二将不协,金之援兵大至,遂屡战受挫,终致符离之惨败。

南宋隆兴元年(1163年)岳飞被平反。

南宋隆兴二年(1164年)金大定四年稼轩25岁。在江阴签判任。

本年赋《满江红》抒怀。

江阴签判任满,改广德军通判,当为本年秋冬间事。

1. 大定四年(公元1164年;宋隆兴二年),金世宗发兵南侵,号称"淮左名都"的扬州城遭逢战火,一片凄清。"自胡马窥江去后,废池乔木,犹厌言兵。"

2. 在1164年12月,张浚北伐失败后,宋金议和,史称"隆兴和议"(又名"乾道和议"),张浚被杀。和议中把原本向金称臣改为称侄,金为叔,宋为侄,金改诏表为国书,宋改岁贡为岁币,减少贡献,宋割让秦州及商州,维持疆界。绢贡献由二十五万匹减至二十万匹,岁币减至二十万银两。

南宋乾道元年(1165年)金大定五年稼轩26岁。在广德军通判任。

稼轩奏进《美芹十论》,当在本年。

与周信道(孚)相结识,至晚当在本年。

南宋乾道二年(1166年)金大定六年稼轩27岁。在广德军通判任。

南宋乾道三年(1167年)金大定七年稼轩28岁。

在广德军通判任。任满，改建康府通判。

四月，四川宣抚使、新安王吴璘卒；六月，宋以虞允文为四川宣抚使，以代吴璘，允文言：房州义士、金州保胜军七千余人，均建炎以来自相集结，固守乡闾，最称忠义。应令官于农隙教以战阵，有警可守边关。宋廷从之。

南宋乾道四年（1168年）金大定八年稼轩29岁。

是年，稼轩仍通判建康府。时建康行宫留守为史致道（正志）。

叶梦锡（衡）为总领淮西江东军马钱粮兼提领措置营田（治所在建康）。

赵德庄（彦端）为江南东路计度转运副使。

韩无咎（元吉）为江南东路转运判官。

严子文（焕）为建康府通判。

丘宗卿（崈）为建康府观察推官。

稼轩与叶衡过从之密，情谊之笃，当始于此年。

稼轩叶衡以外诸人或为契友，或相唱和，其相识亦最晚皆当始于此年。

南宋乾道五年（1169年）金大定九年稼轩30岁。在建康通判任。

稼轩患疝疾，当为本年前后事。

宋安排两淮屯田。初，陈俊卿认为两淮不备，民心不安。乃请于扬州、和州各屯三万人。民家三丁取一，以为义兵，教以战阵，授以弓弩。

农闲时给两月食粮，聚丁教练。沿江诸郡，亦用此法。于是，大兵可屯两淮要害地，义兵可守城。孝宗允从其议，但遭众论所持，俊卿亦未久任，故此议未行。至是，新知无为军（今安徽无为）徐子实陈述屯田。孝宗乃命其安排两淮屯田。

南宋乾道六年（1170年）金大定十年稼轩31岁。

召对延和殿。稼轩论奏"阻江为险，须藉两淮"，又上疏请练民兵以守淮。

迁司农寺主簿。

作《九议》上虞允文。

南宋乾道七年（1171年）金大定十一年稼轩32岁。在司农主簿任。

南宋乾道八年（1172年）金大定十二年稼轩33岁。

春，稼轩出知滁州。

宽征薄赋，招流散，教民兵，议屯田。

创建奠枕楼，繁雄馆。

秋，友人周信道（孚）来滁相会，并作《奠枕楼记》。

全椒县僧智淳以宋太祖赐《王岊帖》来献，周信道代作跋。

是年有奏议上君相，论敌国事。（周密《浩然斋意抄》载《镇江策问》有云："犹记乾道壬辰，辛幼安告君相曰：'仇虏六十年必亡，虏亡则中国之忧方大。'绍定足验矣。惜乎斯人之不用于乱世也。诸君有义气如幼安者，百尺楼上岂能不分半席乎。"）

稼轩妇翁范子美（邦彦）之卒，最晚当在本年，年74。

宋整顿诸路义仓。户部侍郎杨倓言："义仓在（依）法夏、秋正税，每一斗别纳五合，即正税不及一斗免纳。应丰熟一县九分以上，即纳一升，惟充赈给，不许他用。今诸路州县常平义仓米解不少，间有灾伤去处，支给不多，皆是擅行侵用。请下诸路常平官，限半月委逐州主管官，取索五年的实收支数目，逐年有无灾伤检放及取给过若干，见在之数实计若干。"宋廷从其议，进行整顿。

南宋乾道九年（1173年）金大定十三年稼轩34岁。在滁州任。

冬，稼轩上疏乞将滁州依旧作极边推赏。

以端砚赠友人周信道（孚），当在本年。

稼轩之因病离滁州守任，回京口居第，当在本年冬季。

南宋淳熙元年（1174年）金大定十四年稼轩35岁。

本年春，辟江东安抚司参议官。

稼轩以启贺新任建康留守叶衡，当为本年正月内事。

叶衡荐稼轩慷慨有大略，召见，迁仓部郎官。

二月，宋四川宣抚使、雍国公虞允文卒。允文主恢复，孝宗曾促之，允文言军需未备。允文死后，孝宗阅其军，皆少壮，称此为虞允文行沙汰法之效。赠太傅，谥忠肃。

南宋淳熙二年（1175年）金大定十五年稼轩36岁。在仓部郎官任。

登对，上疏论行用会子事。

致书周信道（孚），权其痛忍臧否。

夏四月，茶商赖文政起事于湖北，其后转入湖南江西，数败官军。

六月十二日，稼轩出为江西提刑，节制诸军，进击茶商军。

秋七月初，稼轩离临安，至江西赣州就提刑任，专意"督捕"茶商军。

九月，叶衡罢相。

闰九月，稼轩诱赖文政杀之。茶商军平，加秘阁修撰。

宋茶户赖文政起义：先是江西、湖北、湖南茶户、茶贩结成队伍贩茶，并武装护运，以抵抗官府对贩茶的垄断。赖文政起义自湖北，转入湖南、江西，多次打败官军，宋以赏官办法号召地主镇压起义，又命江州都统皇甫倜招抚，不久又令鄂州都统李川率兵镇压。六月，宋命仓部郎中辛弃疾为江西提刑，节制调遣诸军会同征讨。此时茶户起义军自湖南入广东。九月，辛弃疾诱杀赖文政于江州（今江西九江），起义被镇压。宋赏平茶户起义功，湖南、江西、广东监帅升、降官职。

南宋淳熙三年（1176年）金大定十六年稼轩37岁。在江西提点刑狱任。

赣州守施元之，到官仅及百日，念及亲老，遂陈乞祠禄去官。或以为乃稼轩劾罢者，疑亦并非虚构。

稼轩奏荐赣州通判罗愿治行于朝。

调京西转运判官。

南宋淳熙四年（1177年）金大定十七年稼轩38岁。

本年，稼轩知江陵府，兼湖北安抚使。

奏陈武陵县令彭汉老政绩。

范至能（成大）罢蜀帅，归途过江陵，稼轩招游渚宫。

严治盗之法，"得贼辄杀，不复穷究"，遂致奸盗屏迹。

冬，江陵统制官率逢原纵部曲殴百姓，稼轩以为"曲在军人"，因此徙，知隆兴府兼江西安抚使。

友人周信道（孚）卒于真州教授任，年43。

一月，宋施行淳熙历。宋减两税输纳浮收——户部侍郎韩彦古建议：今日两税之入，民间合输一石，不止两石，纳一匹，不止两匹，正数外，大多倍增，今应所入分为三，一留上供，一留州，一送使，其余悉免于民。朝廷至郡县，取民之税均有定数，如此州县不多取于民，朝廷亦不多取于州县。始立太平之基。此事责任在外地转运使及中央户部。宋廷采纳此议。

宋孝宗下令两淮归正人编为强勇军。

宋修建浙东水利——浙东提举何称言：本路兴修水利，创建湖浦塘堘斗门二十处，增修开浚溪浦埭堰六十三处，共计灌溉民田二十四万九千二百六十六亩。

宋改四川茶盐酒法——四川制置使胡元质言：蜀民苦于茶、盐、酒三事，酒课近已减少。茶，宋初许可通商贩茶，熙宁以后，始由官榷，当收息,每年茶税超过四十万。建炎后,改盐法为盐引。盐税较熙宁时已增五倍。绍兴以来,越二十余年,其间有产去额存者,有实无茶园,只因卖零茶,官府令其承额者。有的更不问茶园盛衰,不计茶货有无,只按所承引数,按月追取岁息,以致茶园百姓日益穷困。建议令茶马司,将无茶人家停税,茶少税多的人家即当减税额。孝宗允准且令胡元质与茶司等磋商。元质又言:蜀盐取自盐井,乃有凿地不得咸泉,或水味淡薄,煎数斛泉,不能得斤两盐。或有年久泉枯,而税额犹在。或井大破损,无力修治,数十年间,仍负重课,等均需择请能吏前去逐州考查盐井盈亏之数,以定税收。孝宗亦允准此议并命研制措施。

南宋淳熙五年(1178年)金大定十八年稼轩39岁。在江西安抚使任。

春二月,稼轩奏劾知兴国军黄茂材。

奏请申严延边州县耕牛战马出疆之禁。

召为大理少卿。友人王公明(炎)卒于豫章,年67。

闰六月,同僚吴交如卒,厚赙之。

秋,出为湖北转运副使。

1. 宋禁州县预借租税——是年,有臣下上书言:郡县政事,以预借最害民。一年租税负担已重,而又预借明年租税,实增民负担,名为借,而终无还期。前官既借,后官必不肯承,望严戒州县官不得预借。宋廷允从此建议。

2. 宋丁税二弊——是年,有臣下上书言:宋初,一丁之税,人输绢七尺，二十以上则输纳，六十而止，残疾、病者皆免，二十以下为幼丁亦免税、近年乡司为奸，托言三年一排，始重新规定收税人丁，致有久年系籍与疾病人丁，没有注销，前添之丁，隐而不纳。今建议置丁税司，每年终，民户家长或次丁，自陈其家实有丁多少，老病少壮多少，开列详表，以核旧簿按照年实及六十与病废者均免丁税，年壮及适龄的人丁，即重新收丁税。宋廷纳此建议。

3. 宋谥岳飞为武穆。

南宋淳熙六年（1179年）金大定十九年稼轩40岁。在湖北转运副使任。

春三月，改湖南转运副使。

湖南溪峒蛮陈峒于去年正月反，湖南帅王佐亲率将士入峒征讨，迄本年春擒获陈峒，事定，稼轩为赋《满江红》词致贺。

稼轩奏进"论盗贼札子"。

改知潭州兼湖南安抚使。

奉孝宗手诏，谕惩治盗贼旨意。

1. 宋郴州陈峒起义：郴州宜章县（今湖南宜章）农民在陈峒领导下起义，反对官府用"和籴"名义无偿勒索农民粮食。起义军攻克道州（今湖南道县）、桂阳军（今湖南桂阳）及连州（今广东连县）所属四个县城，众数千人。起义军以山岭为根据地，使用自制武器，如偏驾弩，礧石、手炮及小盾等屡败官军。宋知潭州（今湖南长沙）王佐请率三千精兵往讨。宋廷令王佐节制湖南路军马前往。五月间，起义军被包围，陈峒兵败被杀，起义失败。

2. 广西李接起义：广西容州陆川县（今广西陆川）爆发弓手李接领导的农民起义。起义军张贴榜文，宣布十年不收赋税，并打开官府及地主粮仓，赈济贫民。贫苦农民纷起参加，尊称李接为李王，陆续攻下广西路郁林、化、容、雷、高、贵六州八县，屡败官军。起义军英勇战斗达半年之久。十月，李接于静江府（今广西桂林）英勇牺牲。

南宋淳熙七年（1180年）金大定二十年稼轩41岁。

春，稼轩奏请以官米募工，浚治陂塘，因而赈给。

出桩米赈桒永、邵、郴三州。

整顿湖南乡社。

夏，稼轩奏请于郴州宜章县、桂阳军临武县并置学。

奏劾知桂阳军赵善珏，罢之。

创置湖南飞虎军。

变税酒法为榷酒法。

秋，覆阅解试卷，得赵方。

经始构建上饶居第。作《新居上梁文》。至晚已于本年自称稼轩居士。

刊行亡友周信道（孚）《蠹斋集》。

檄衡山尉戴翊世行县事。

加右文殿修撰，差知隆兴府兼江西安抚。

金黄河决口于卫州及延津京东埽，漫延至归德府（今河南商丘）。金主令南北两岸增筑堤，以捍波涛。

是岁,江、浙、淮西、湖北旱,宋乃免租,发仓贷给,并募富民赈补饥民。

南宋淳熙八年(1181年)金大定二十一年稼轩42岁。

江右大饥,举办荒政。

稼轩遣客舟载牛皮运赴淮东总领所,以供军用,路经南康军境,为军守朱晦庵(熹)遣人搜检拘没,遂致函朱氏,请其给还。

许及之上稼轩诗二十韵,深蒙赏识,当为本年春间事。

诗人胡时可通谒,亦当在本年暮春。

秋七月,稼轩以修举荒政,转奉议郎。

友人曾幼度(丰)、黄叔万(人杰)、陆德隆均曾来豫章相会。

友人东莱吕伯恭(祖谦)卒,年45。

江陵知县赵景明任满,归途过豫章相会。

檄新建县令汪义和视部内旱灾。议浚治豫章东湖,亦以汪义和劝阻,未果。

陆子静(九渊)致函稼轩论为政,又有函致徐子宜(谊),中对某长吏颇多訾议而隐其名氏,实亦指稼轩言也。

冬十一月,改除两浙西路提点刑狱公事,旋以台臣王蔺论列,落职罢新任。

是年带湖新居落成。

1. 三月,潮州沈师攻扰汀(今福建长汀)、漳(今福建漳州)。宋命赵师宪征。十二月,广东安抚巩湘诱杀沈师,潮州起事失败。

2. 十一月，宋从朱熹所请复庐山白鹿书院。

3. 十二月，宋行朱熹社仓法于诸路：孝宗乾道四年，民间饥馑，朱熹向府请得常平米六百石赈贷。夏时，民自仓借米，至冬季，则加息计米以还。以后随年敛散。遇歉收，免其息一半，遇大饥，尽免息。经十四年，以六百石还府，现储米三千一百石，以为社仓，不再收息。每石只收耗米三升。如此，一乡四十五里范围内，虽遇歉年，民不缺食。是时宋将社仓法行于诸路。其法系以十家为一甲，甲推一人为首，五十家推一社首。凡逃军及游民无行，有粮衣食不缺者，均不得入甲，应入者亦属自愿。愿者写清一家大小人口数，大人一石米，小孩五斗米，均可自社仓借得，登记于簿籍。此法使广大贫民饥年得食，诚良法。

南宋淳熙九年（1182年）金大定二十二年稼轩43岁。在上饶家居。

秋九月，友人朱晦庵（熹）过信上，稼轩与之相会。

是年范廓之（开）始来受学。

宋改二广盐法，禁外舶贩易金银。

南宋淳熙十年（1183年）金大定二十三年稼轩44岁。在上饶家居。

春，友人陈同甫（亮）有书来，约秋后来访，未果。

夏五月，叶梦锡（衡）卒，年62。

秋八月傅安道（自得）卒，年68。

冬十一月，李寿翁（椿）卒，年73。

1. 蒙古（即前述"蒙兀"），铁木真成为蒙古乞颜部的可汗，这一年，他22岁。

2. 金国，进入金世宗统治的晚期，金国渐渐进入全盛时期。

3. 宋禁道学——王淮以唐仲友故而怨朱熹，欲阻其见用，乃使吏部尚书郑丙上疏言：近世士大夫有所谓道学者，欺世盗名，不宜信用。后王淮又使大府丞陈贾为监察御史面奏，首论近世所谓道学者，其说以谨独为能，以践履为高，以正心诚意克己复礼为事，若此之类皆学者所共学，而道学者以己为独能。考其所为，则又大不然，实为伪学，希令中外痛革此习，如此使人能言行表里一出于正，不致肆为诡异以影响治体。孝宗从其请乃禁道学。由是"道学"之名，贻祸于世。后直学士院尤袤以程氏之学被陈贾所攻，乃言：道学者，尧、舜所以帝，禹、汤、文、武所以王，周公、孔、孟所以设教。近来立道学之名，以诋毁士君子，孝宗亦认为道学为美名，但以怕有假托为名，真伪相乱。

南宋淳熙十一年（1184年）金大定二十四年稼轩45岁。在上饶家居。

是年春二月友人洪景庐（适）卒，年68。

李仁甫（焘）卒，年70。

三月，友人陈同甫（亮）备累系狱，凡七八十日方得释。

秋七月，友人罗端良（愿）卒，年49。

冬，寓居信上之李正之（打正）入蜀任利州路提刑，郑元英亦过信入蜀，稼轩均赋词为别。

大定二十四年（1184）二月，金世宗因年老思乡，决定至上京（今黑龙江阿城东）慰劳乡间宗室父老。三月，世宗命皇太子守国，命赵王水中辅助太子，其余诸王皆从行。五月，至上京。十一月，因上京天寒地远，世宗命有司牒告南宋，不必遣贺正旦、生日使。次年四月，为充实上京兵力，世宗遣刑部尚书乌里也出府库钱充行资牛畜，迁速频路一猛安、胡里改路二猛安二十四谋克，共计三猛安三十谋克至上京、率、胡刺温之地。九月，世宗始返回中都（今北京）。

南宋淳熙十二年（1185年）金大定二十五年稼轩46岁。在上饶家居。

是年，郑舜举（汝谐）为信州守，稼轩与之相酬唱甚多。

大定二十五年（1185年），金皇太子完颜允恭因身体羸弱，政务繁重，得疾病危。庚申，不治病卒。

南宋淳熙十三年（1186年）金大定二十六年稼轩47岁，在上饶家居。

是年岁杪，郑舜举（汝谐）被召赴临安。

卢沟决口于上阳村。卫州黄河决口。

宋慈，窝阔台出生。

南宋淳熙十四年（1187年）金大定二十七年稼轩48岁。在上饶家居。

稼轩主管冲佑观当在本年。

夏，友人韩无咎（元吉）卒，年70。

友人汤朝美（邦彦）卒，年53。

友人钱仲耕（佃）卒，年62。

宋高宗卒。

南宋淳熙十五年（1188年）金大定二十八年稼轩49岁。在上饶家居。

正月，门人范开编刊《稼轩词甲集》成。

奏邸忽又讹传稼轩以病挂冠。

郑侯卿（如崧）守衡州，稼轩赋词送之。

秋，友人赵昌父（蕃）归自湖南，岁末以诗卷寄赠稼轩。

友人陈同甫（亮）来访，相与鹅湖同憩，瓢泉共酌，长歌相答，极论世事，逗留弥旬乃别。

杨万里以洪迈驳张浚配飨，斥其欺专，礼官尤袤等请诏群臣再集议。帝谕大臣曰："吕颐浩等配享，正合公论，更不须议。洪迈固轻率，杨万里亦未免浮薄。"于是二人皆求去，迈守镇江，万里守高安。

陈亮上疏曰："高宗皇帝于金有父兄之仇，生不能以报之，则殁必有望于子孙，何忍以升遐之哀告之仇哉！遗留、报谢三使继发，而金人仅以一使，如临小邦。义士仁人，痛切心骨，岂陛下之圣明智勇而能忍之乎？意者执事之臣，忧畏万端，有以误陛下也？"疏万数千言，大略欲激帝恢复。时帝已将内禅，由是在廷交怒，以亮为狂怪。

金禁女真人汉化。禁改为汉姓，禁学南人衣装，违者治罪。

南宋淳熙十六年（1189年）金大定二十九年稼轩50岁。在上饶家居。

二月，孝宗禅位于光宗。

本年内稼轩曾与夫人范氏同庆五十寿。

本年，金华杜叔高（斿）来会稼轩。

王季海（淮）卒，年64。

范廓之（开）应招以家世赴告南宋行朝，将以求仕，辞别稼轩，稼轩为赋《醉翁操》相送，其事当在本年。

金世宗卒：金世宗在位二十八年，与宋和约，与民休息，自身节俭，崇尚孝悌，信用赏罚，注重农桑，故金较安定富足。国中称其为"小尧舜。"至是病卒，年67。遗诏由皇太孙完颜璟继帝位，是为金章宗。

宋孝宗称太上皇，太子赵惇即位，是为光宗。

宋观文殿大学士王淮卒。王淮居台谏，论劾皆当；为宰相，能尽心辅政；惟以唐仲友，擢陈贾为御史，郑丙为吏部尚书，协力攻朱熹，开启伪学之禁，为其不足处。

卢沟桥开建。

南宋绍熙元年（1190年）金明昌元年稼轩51岁。在上饶家居。

是年冬十二月友人陈同甫（亮）再度系狱，年余方得释。

在南宋光宗绍熙元年（公元1190年），大儒朱熹才把《大学》《中庸》从《礼记》中提出来，再把《孟子》上升到"经部"，和《论语》

汇集到一起,统一注解,作为一套书刊行问世,遂有"四书"之名。

历史上著名的"十三翼之战"是铁木真(成吉思汗)统一蒙古草原各部时的一次重要战役,金明昌元年(1190年),铁木真的结拜兄弟札木合,因嫉恨铁木真的强大,联合泰赤乌等十三部共三万人,进攻铁木真。

南宋绍熙二年(1191年)金明昌二年稼轩52岁。在上饶家居。
二月,友人王宣子(佐)卒,年66。
是年王道夫(自中)知信州,与稼轩时相过从。
洪莘之通判信州,至晚当始于本年。

南宋绍熙三年(1192年)金明昌三年稼轩53岁。
春,稼轩赴福建提点刑狱任。

路径崇安时,曾至武夷精舍与朱晦庵相会。
二月,友人陈同甫脱狱。
友人施圣与(师点)卒,年69。
委上杭令鲍粹然决汀州疑狱。
折狱定刑,务从宽厚。
福建安抚使林枅于同列多不相下,与稼轩亦不协。
秋九月,林枅卒,稼轩摄帅事。
历威严,以法治下。
上疏论经界盐钞事。

是年以女妻陈汝玉（成父）。

与朱晦庵（熹）游从甚繁，情谊甚款。

呼医治疗怀安县尉杨岳目疾。

十二月，陆子静（九渊）卒，年54。

被召赴行在，岁杪由三山启行。

宋李后骄奢凶悍：先是光宗一日浣手，见宫人手白，悦之。他日，李后遣人送食盒于光宗，启盒，为宫人双手。又以黄贵妃被宠，光宗祭太庙，宿斋宫，李后即杀黄贵妃以暴卒闻。至是，李后更骄奢，封其先三代为王，家庙卫兵多于太庙，且推恩亲属二十六人，使臣一百七十二人，甚至李氏门客，亦予补官。

南宋绍熙四年（1193年）金明昌四年稼轩54岁。

途次访朱晦庵于建阳，劝其赴广右，就经略安抚使。晤陈同甫于浙东。

光宗召见稼轩于便殿，奏论荆襄上流为东南重地，应妥为备御。

迁稼轩太府少卿。

秋，加集英殿修撰，知福州，兼福建安抚使。

是年陈同甫（亮）举进士第一。

任子严（诏）卒。

范至能（成大）卒，年68。

诗人彭止通谒，当在本年前后。

陈亮擢进士第一：陈亮字同甫，婺州永康（今浙江）人，以学问著于当世，世称龙川先生。1193 年，光宗策进士，问以礼乐刑政之要。陈亮以君道、师道相对，并指出政事在于见诸施行，不必拘泥"一月四朝"之礼。光宗朝重华宫，得陈亮策，大喜，以为陈亮才能非常，擢为进士第一，授佥书建康府判官厅公事。次年春，未至官而病卒。陈亮倡导经世济民的事功之学，不与理学家空谈道德性命同流，其学说称为"永康学派"。

南宋绍熙五年（1194 年）金明昌五年稼轩 55 岁。在福建安抚使任。

置备安库，积镪至五十万缗，用以籴米粟，供宗室及军人之请给。

檄福清县主簿鞠长溪县囚，稼轩又亲按之，辨释五十余人。

委长溪令曹崈改采鬻盐之法，又差官吏置铺，就坊场出卖犒赏库回易盐。

友人陈同甫（亮）卒，年 52。

修建福州郡学。

秋七月，宋光宗禅位于皇太子，太子扩即皇帝位，是为宁宗。

赵汝愚为执政大臣。

同月，稼轩以谏官黄艾论列，罢帅任，主管建宁府武夷山冲佑观。

赵汝愚为右丞相并擢用朱熹等人。

九月，稼轩以御史中丞谢深甫论列，降充秘阁修撰。

韩侂胄用其党徒谢深甫、刘德秀、李沐等人。

朱熹上疏忤韩侂胄罢侍讲。

十一月庚戌，以宜州观察使韩侂胄兼枢密都承旨。

十二月，谢深甫奏劾中书舍人陈傅良，语又涉及稼轩。

赵汝愚擢用人物陆续被贬黜。

稼轩作《再到期思卜筑》，当在本年。

友人马会叔（大同）卒于本年冬季。

南宋宁宗（扩）庆元元年（1195年）金明昌六年稼轩56岁。家居上饶。

二月，赵子直（汝愚）罢右丞相，继责宁远军节度副使，永州安置。

友人刘平国（宰）校书上饶，徐斯远（文卿）领乡荐。

李祥、杨简、吕祖俭等以党赵汝愚被罢斥。

冬十月，稼轩以御史中丞何澹奏劾，落职。

期思新居之落成当在本年。

宋孝宗逝，年68。

宋光宗为太上皇。初，留正请建太子，未许。至是帝临朝，忽仆于地。赵汝愚忧危不知所出，内禅之议遂决。赵汝愚乃令工部尚书赵彦逾与殿帅郭杲、左选官叶适、左司郎中徐谊谋建议内禅于太皇太后。乃使知合门事韩侂胄（韩琦五世孙，太后内弟）。由所善内侍张宗尹向太后奏陈，经太后同意，侂胄向汝愚复命。次日，赵汝愚请立嘉王为太子。且言光宗批有"念欲退闲"，于是太后亦允。汝愚袖出所拟文字："皇帝有疾，至今未能执丧，曾有御笔，欲自退闲，皇子嘉王赵扩可即皇帝位，尊皇帝为太上皇帝，皇后为太上皇后。"太后言：甚好。乃命汝愚以旨谕皇子即位。

皇子固辞，后被披黄袍，乃立为皇帝，是为宁宗。立皇后韩氏，皇后父为韩同卿，系韩侂胄兄。

南宋庆元二年（1196年）金明昌七年稼轩57岁。

正月庚寅，以余端礼为左丞相，京镗为右丞相，郑侨知枢密院事，御史中丞何澹同知枢密院事。

同月壬午，赵子直（汝愚）卒，年57。

三月，王正之（正己）卒，年78。

友人杨济翁（炎正）举进士及第，徐斯远（文卿）落第。

夏四月甲子，余端礼罢，以何澹参知政事，吏部尚书叶翥签书枢密院事。

五月七日，妻兄范南伯（如山）卒，年67。

徙居铅山县期思市瓜山之下。（《稼轩历仕始末》："卜居广信带湖，为煨烬所变〔焚〕，庆元丙辰，徙居铅山县期思市瓜山之下。"）

秋七月戊戌，以韩侂胄为开府仪同三司、万寿观使。八月丙辰，以太常少卿胡纮请权住进拟伪学之党。

九月，稼轩以言者论列，罢官观。

以纠结徒党罪名再罢斥朱熹及其门徒。

宋赵汝愚卒于衡州 汝愚行至衡州（今湖南衡阳），患病。衡州守臣钱鍪，受韩侂胄意旨，窘辱特甚，汝愚暴卒。

宋禁用伪学之党——太常少卿胡纮言：近年伪学更盛。自宁宗有救偏建中之说，有人乃为调停之意，取前日伪学之人次第用之。今实应令退伏田里，循省愆咎。宁宗乃下诏凡是伪学之党，宰执暂停推荐。自此伪学之禁愈严。

南宋庆元三年（1197年）金承安二年稼轩58岁。家居铅山。

春正月壬寅郑侨罢。癸卯，以谢深甫兼知枢密院事。

友人陈安行（居仁）卒，年69。

十二月丁酉，以知绵州王沇请，诏省部籍伪学姓名。

宋置伪学籍——知绵州（今四川绵阳）王抗（沈）上疏请置伪学籍，即曾受伪学举荐，关陞及刑法廉吏自代之人，均令尚书省部籍记姓名，并间慢差遣。宋廷从此议，于是伪学设籍有：宰执为赵汝愚、留正、周必大、王蔺四人；待制以下有朱熹、徐谊、彭龟年、陈傅良、薛叔似、章颖、郑湜、楼钥、林大中、黄由、黄黻、何异、孙逢吉十三人；余官有刘光祖、吕祖俭、叶适、杨芳、项安世、李（？）、沈有开、曾三聘、游仲鸿、吴猎、李祥、杨简、赵汝谠、赵汝谈、陈岘、范仲黼、汪逵、孙元卿、袁燮、陈武、田澹、黄度、詹体仁、蔡幼学、黄颢、周南、吴柔胜、王厚之、孟浩、赵巩、白炎震三十一人；武臣则有皇甫斌、危仲壬、张致远三人；士人则有杨宏中、周端朝、张道、林仲麟、蒋傅、徐范、蔡元定、吕祖泰八人。共五十九人。

南宋庆元四年（1198年）金承安三年稼轩59岁。家居铅山。

五月己亥，加韩侂胄少傅，赐玉带，己酉，诏禁伪学。

复集英殿修撰，主管建宁武夷山冲佑观。

是年吴子似（绍古）为铅山尉，稼轩相与酬唱甚多。

宋严禁伪学——姚愈复上言：近世侥幸之徒，以道学为名，取程颢、张载学说，朋比结党，假借元祐党籍自比，实际元祐大贤，如司马光、苏轼均无邪谋，不阿附权臣，绝非赵汝愚、刘光祖之目中无君上，佞幸之臣可比。故昔日元祐党人如此，而今伪学之人如彼，希下明诏，播告天下，以使中外洞悉邪正，以识奸伪之徒，不至假借疑似以盗名欺世。于是宁宗令直学士院高文虎写诏文，有句："窃附元祐之众贤，实类绍圣之奸党"。韩侂胄大喜，迁升文虎于要职。七月，以姚愈为兵部尚书。愈浮沉于州县，久不得志，以阿附韩侂胄，竟得骤迁，旋以病免。

南宋庆元五年（1199年）金承安四年稼轩60岁。家居铅山。

友人朱晦庵（熹）来书以克己复礼相勉。

友人傅岩叟（为栋）捐直发廪赈乡里之饥，稼轩欲讽庙堂奏官之。

是年七月钱表臣（之望）卒，年69。

八月王道夫（自中）卒，年60。

九月庚寅，加韩侂胄少师，封平原郡王。

南宋庆元六年（1200年）金承安五年稼轩61岁。家居铅山。

春二月，友人杜叔高再来访稼轩。

三月，友人朱晦庵（熹）卒。年71。稼轩为文往哭之。

冬十月丙戌，加韩侂胄太傅。

宋提举南京鸿庆宫朱熹卒——熹家贫，故生徒自远方来，饭食与之共享，且往往借贷于人；但非其道义之钱，一介不取。时被称为伪学，士人均不敢谈儒，甚至有过门不入，变易衣冠，肆情游乐以自别于伪学。而朱熹日与诸生讲学不休，或有劝其谢遣生徒者，熹均笑而不答，病卒，年71。将葬，右正言施康年言：四方伪徒聚于信上（信州，今江西上饶西北），欲送伪师之葬，会聚之闲，非妄谈时人短长，则谬议时政得失，望令守臣约束。宋廷从其议。于是门生故旧不敢送葬。朱熹为学穷理以致知，又以践其实，以居敬为主，谓圣贤之道，在于经传，自经旨不明而道统亦晦，于是穷研圣贤经训，所著有《易本义》《启蒙》《诗集传》《大学、中庸章句》《论语、孟子集注》等，编撰有《通鉴纲目》《宋名臣言行录》《近思录》等。其门人知名有：黄榦、李燔、张洽、陈淳、黄灏等。

光宗卒。

吕祖泰请诛韩侂胄——婺州进士吕祖泰上书，请宋廷诛韩侂胄。祖泰为祖俭从弟，性旷达，论世事无忌讳。其兄祖俭以言事获贬，至是卒。祖泰乃击登闻鼓上书，论韩侂胄无君之心，请诛韩以防祸乱。其言略为：道与学，自古为国者所恃，丞相汝愚乃有大勋劳者，何事立伪学，逐汝愚之党。陈自强系韩侂胄童时教师，竟官至宰辅，苏师旦系平江吏胥，周筠为韩姓厮役。侂胄妄自尊大，卑陵朝廷，愿诛侂胄、师旦、筠，而逐罢自强等。大臣只周必大可用。书出，朝廷内外大骇，宋廷竟称：吕祖泰挟私上书，语言狂妄，拘管连州（今广东连县）。后乃杖祖泰一百，发配钦州（今广西钦县东北）牢城收管。

南宋嘉泰元年（1201年）金泰和元年稼轩62岁。家居铅山。

嘉泰二年（1202年）稼轩63岁。家居铅山。

友人洪景庐（迈）卒，年80。

赵民则（像之）卒，年75。

曹困明（盅）卒，年68。

党禁稍弛，政途久困之人间有起废进用者，稼轩亦其中之一人。

宋弛伪学、伪党禁——先是禁学之祸，虽本韩侂胄欲去异己之谋，京镗实为首创。及其死，韩侂胄亦厌前事纷纭，欲稍更张以消中外非议；又欲开边，昔时废退者，又有以复仇进言。至是，张孝伯称："不弛党禁，恐后不免报复之祸。"籍田令陈景思系韩侂胄姻戚，亦谓侂胄勿为已甚，侂胄亦从此议。于是赵汝愚追复资政殿学士。党人尚在者如徐谊、刘光祖等均先后复官。

宋韩侂胄用事——韩侂胄渐招知名人士，意在开边。士大夫好言恢复者，多见任用。但政府、枢密、台谏、侍从多为其私人。而苏师旦、周筠，以吏胥厮役参与国政，颇为时论所非议。

洪迈死。迈撰有《容斋随笔》等书。

南宋嘉泰三年（1203年）金泰和二年稼轩64岁。

夏，稼轩知绍兴府兼浙东安抚使。

疏奏州县害农六事，愿诏内外台察劾。

创建秋风亭。

冬，稼轩奏请于绍兴府诸暨县增置县尉，省罢税官。

是年,浙东"盐鹥为害",稼轩"消弭"之力为多。

招刘改之(过)、赵明翁(汝谈)至幕府。

会稽县丞朱圣与(权)供职勤敏,深为稼轩所敬赏。

为友人杜仲高(旃)开山田。

欲为友人陆务观(游)筑舍,陆辞之,遂止。

陈君举(傅良)卒,年67。

岁杪召赴行在。

南宋嘉泰四年(1204年)金泰和三年稼轩65岁。

韩侂胄发动对金战争。

正月,召见,稼轩言盐法。并言金国必乱必亡,愿属元老大臣预为应变计。

加宝谟阁待制,提举佑神观,奉朝请。

差知镇江府,赐金带。

数年来,稼轩屡次遣谍至金,侦察其兵骑之数,屯戍之地,将帅之姓名,帑廪之位置等。并欲于沿边招募士丁以应敌。至镇江,先造红衲万领备用。

稼轩以五十镒馈金坛刘平国(宰)。

又拨丹徒县没官田百余亩作学田。

读宋高宗《亲征诏草》,稼轩为跋其后。

冬十月朔,周子充(必大)卒,年79。

是年袁起岩(说友)卒。

韩侂胄定议北伐 时金受阻卜等部所扰，无岁不兴师北伐，府仓空乏，赋敛日繁。有人劝韩侂胄立盖世功名，侂胄允然，遂定议伐金，出封桩库黄金万两，以备赏功。命吴曦练兵西蜀。安丰（今安徽寿县）守臣厉仲方言淮北流民均愿归宋；浙东安抚使辛弃疾入见，言金必乱亡，宜备兵以应变。郑挺、邓友龙等又附和此说，侂胄用兵北伐之意益坚。

宋临安大火，火势迫及太庙。

宋立韩世忠庙于镇江。

韩侂胄欲鼓励诸将，乃追封岳飞为鄂王。旋又追封刘光世为鄜王，赠宇文虚中为少保。

南宋开禧元年（1205年）金泰和五年稼轩66岁。在镇江守任。

三月，稼轩坐谬举，降两官。

刘改之至京口访晤。

夏六月，稼轩改知隆兴府，旋以言者论列，与宫观。

同月，宋廷下诏加强战备。

林克斋闻稼轩移镇隆兴之命，有函致贺。

宋备战，金亦有所对应。

秋，稼轩归铅山。

宋以韩侂胄为平章军国事——以陈自强及侍御史邓友龙等请，宋宁宗下诏：任韩侂胄为平章军国事，立班丞相上，三日一朝，赴都堂治事。于是三省印均放于其家，侂胄自置机速房，甚至假作御笔，升降将帅，人均不敢言。

南宋开禧二年（1206年）金泰和六年稼轩67岁。

差知绍兴府，两浙东路安抚使，辞免。

在宋金交兵过程中，宋兵立呈溃势。

进稼轩宝文阁待制。

又进龙图阁待制，知江陵府。令赴行在奏事。

是年友人刘改之（过）卒，年53。

彭子寿（龟年）卒，年65。

金议战守——金主令大臣议论南伐，左丞相崇浩、参知政事贾铉言：宋仅在边境挑衅，非举兵。左丞布萨端言：宋军既敢犯灵璧（今安徽灵璧），入涡口（今涡水入淮河处）攻寿春（今安徽寿县），宜早为备。金主以为是，乃令布萨揆领行省于汴（今河南开封），可总领一方。尽征诸道兵，分守要害。

宋下诏伐金——韩侂胄闻已得泗州及新息、褒信、虹县等，遂请宋宁宗下诏伐金，由直学士院李壁起草诏文。

宋诸路兵败——宋马军司统制田俊迈率军袭金宿州，被金兵击败。宋池州副都统郭倬及主管军马行司公事李汝冀率五万人围宿州，亦败。郭倬执俊迈与金人，已乃得免。郭倪遣毕再遇取徐州，行至虹县（今安徽泗县），遇见郭倬及李汝冀兵，知宿州城下大水，宋师不利，统制田俊迈已被俘。再遇督兵疾至灵璧（今安徽灵璧），遇陈孝庆驻兵凤凰山，将还。再遇与金兵战于灵璧北门，挥双刀，杀敌甚众，逐金兵三十里。后撤还泗州，以功升为左骁卫将军。

宋吴曦谋据蜀叛，与其从弟吴晛、徐景望、赵富、朱胜之、董镇等密计，欲遣人与金通，求封于金。金人亦欲诱吴曦降，以弱宋。

金分兵九道南下：布萨揆率行省兵三万出颖（今安徽阜阳）、寿（今安徽凤台）；元帅完颜匡以兵二万五千出唐（今河南唐河）、邓（今河南邓县）；河南路统军使赫舍哩子仁以兵三万出涡口（今安徽怀远）；左监军赫舍哩执中率山东兵二万出清河口（今江苏淮安北），左监军完颜充以关中兵一万出陈仓（今陕西太白西北）；右都监富察贞以岐（今陕西岐山）、陇（今陕西千阳）兵一万出成纪（今甘肃天水）；蜀汉路安抚使完颜纲率汉、蕃步骑一万出临潭（今甘肃临洮南）；临洮路（今甘肃临洮）兵马都总管石抹仲温率陇右步骑五千出盐川（今甘肃陇西西）；陇州（今陕西千阳）防御使完颜璘率兵五千出来远（今甘肃武山西南）。

是岁，蒙古诸部长尊立铁木真为大汗，即位于斡难河源（今蒙古人民共和国乌兰巴托以东），诸部长共上尊号为成吉思汗，是为元太祖，乃举兵复伐乃蛮，获胜。

南宋开禧三年（1207年）金泰和七年稼轩68岁。卒于当年。

此年宋金均有罢兵议和动向。

试兵部侍郎，两次上章辞免，方遂所请。

黄勉斋（榦）致书稼轩，对时事出处多所论列。

与稼轩在京宫观。

三月，叙复稼轩朝请大夫。

继又叙复朝议大夫。

夏四月，以方信孺为国信所参议官如金军。

稼轩归铅山，八月得疾。

进稼轩枢密都承旨，令疾速赴行在奏事。未受命，并上章陈乞致仕。九月初十日卒。特赠四官。

葬铅山县南十五里阳原山中。

交游中哀诗祭文等现唯存陆（务观）、项（平甫）二人之作，余已无可考矣。

（项安世《平安悔稿》册二《答杜仲高来书哭兄伯高及辛待制且言杜氏至仲高始预荐榜》诗："康庐之麓蠡之皋，太息书生杜仲高。待制功名千古杰，贤良文字万夫豪。泪痕频向西风滴，场屋新随举子曹。且为门阑辟青紫，柯辛威父一生劳。"

刘克庄《后村诗话续集》卷四："项平庵《祭辛幼安》：'人之生也能致天下之憎，则其死也必享天下之名。岂天之所生必死而后美，盖人之所憎必死而后正，呜呼哀哉。死者人之所恶，公乃以此而为荣；予者公之所爱，必当与我而皆行。局旦暮而相从，固予心之所爱；尚眠食以偷生，恨公行之不待！'自昔哀词未有悲于此者。"）

宋金议和——宋以方信孺为国信所参议官，入金军。时韩侂胄募可以报使金帅府者，近臣推荐方信孺可充使任。信孺称："开衅自我，金人设问首谋，当以何词答。"侂胄为之震惊。信孺持书赴金。

金人复破大散关。

宋史弥远杀韩侂胄——韩侂胄掌权久，妄开边衅，怨者甚众。金人来索首谋，宋礼部侍郎史弥远密建去韩之谋。皇后素怨侂胄，因使皇子荣王赵㬎疏言：侂胄再启兵端，将不利于社稷。皇后请命其兄杨次山选择群臣可任除韩者,宁宗始允可。次山遂语史弥远,得密旨。以钱象祖曾忤侂胄,象祖乃允并告李壁,李壁谓事缓恐泄,乃命殿前司公事夏震统兵伺待。韩侂胄入朝,至太庙前,呵止于途,拥至玉津园侧被杀死。史弥远及钱象祖奉闻宁宗,于是下诏暴韩侂胄罪恶。此谋始于史弥远,成于杨后及杨次山,宁宗初无意杀韩侂胄。论功,进史弥远为礼部尚书,加夏震为福州观察使。后,陈自强被贬于永州(今湖南零陵)居住。贬苏师旦于韶州安置,旋被杀。周筠被杖脊,刺配岭外。

南宋嘉定元年(1208年)金泰和八年稼轩卒后一年。

摄给事中倪思劾稼轩迎合开边,请追削爵秩,夺从官恤典。

是年丘宗卿(崈)卒,年74。

后,稼轩第五子穮为文辨谤。

理宗(昀)绍定三年(1230年)稼轩卒后二十三年。

铅山县宰张谦亨建西湖群贤堂,祀铅山乡贤十六人,稼轩亦其中之一人。

南宋绍定六年(1233年)金天兴二年稼轩卒后二十六年。

赠稼轩光禄大夫。

恭帝德祐元年乙亥(1275年)稼轩卒后六十八年。

加赠少师,谥忠敏。

宋金和议成——宋使王楠至金,请依建康故事,世为伯侄之国,增岁币为三十万,犒军钱三百万贯,苏师旦等俟和议定后,当函首以献。金主命移书索韩侂胄首以赎淮南地,改犒军钱为三百万两。于是和议定。楠返宋,诏百官集议,乃命临安府破棺取首,枭于两淮,遂以韩侂胄及苏师旦两人首级付王楠送金军,以易取淮、陕被侵地。

金章宗死——金主得嗽疾,病殂于福安殿,年41。遗诏:皇叔卫王即皇帝位。

后记

我们投身于历史中,多半是一种慰藉。